20612

# TRAVAILLEURS

## ET

# PROPRIÉTAIRES.

Imprimerie de M<sup>me</sup> V<sup>e</sup> Dondey-Dupré, rue St-Louis, 46, au Marais.

# TRAVAILLEURS

## ET

# PROPRIÉTAIRES

### PAR VICTOR BORIE,

Ancien rédacteur en chef de *l'Éclaireur de l'Indre*.

#### *AVEC UNE INTRODUCTION*,

##### PAR

## GEORGES SAND,

« La trop grande inégalité des richesses
« est la conséquence NON DU DROIT DE
« PROPRIÉTÉ, mais des *mauvaises lois.* »
VOLTAIRE.

ML

PARIS.

MICHEL LÉVY FRÈRES, LIBRAIRES-ÉDITEURS

des Œuvres d'Émile de Girardin,

RUE VIVIENNE, 1.

—

1849

1848

# INTRODUCTION.

## I

Il y a des formules qu'on cherche longtemps et qu'on tarde à trouver, parce qu'elles sont d'une simplicité élémentaire, et que l'esprit humain est ainsi fait, qu'il procède par le compliqué avant d'arriver au simple. Dans les choses d'application immédiate, les détails frappent tout le monde, et l'analyse est déjà l'œuvre de tous, que la synthèse est encore vague et flottante dans l'esprit de ceux qui s'en inquiètent.

Une constitution est une œuvre essentiellement synthétique, dont les lois organiques sont l'analyse. La Constitution de 1848 fera-t-elle honneur au génie synthétique de la France? D'amendements en sous-amendements, sous l'inspiration de la peur et de la violence (deux émotions solidaires l'une de l'autre en politique), l'Assemblée nationale aura-t-elle trouvé la formule de vérité relative au temps où elle prend place dans l'histoire?

Nous en doutons un peu. La fatalité a voulu que le plus grand problème de l'humanité fût débattu dans un moment de trouble et de malaise indicible. Les esprits se sont buttés de part et d'autre, et les deux faces de la question sont devenues chacune la formule de deux écoles opposées, lesquelles se subdivisent elles-mêmes en partis de diverses nuances.

Or, il ne faut point deux formules à une synthèse, il n'en faut qu'une, et on ne fait point une constitution durable avec le mariage monstrueux de deux formules qui se contredisent.

Depuis cinquante ans nous tournons autour de cette contradiction, et nous venons de la consacrer de la manière la plus flagrante. Depuis cinquante ans, les constitutions et les chartes nous disent : Français, vous êtes égaux devant la loi. Chaque loi ajoute : — Vous êtes présumés tous égaux. Mais l'ensemble des lois conclut que nous ne pouvons pas être égaux, et la société que ces lois régissent nous montre chaque jour que l'égalité, même devant la loi, est encore un privilége auquel ne doivent prétendre que ceux qui sont riches.

Cependant le bon sens public nous crie à cette heure: —Il est facile de critiquer. Socialistes, qui voyez si bien la cause du mal, pourquoi n'en apportez-vous pas le remède ?

Alors chaque socialiste se croit obligé d'apporter son remède, c'est-à-dire son système. Il y a de grandes vérités et de grands efforts d'intelligence dans leurs théories ; mais laquelle choisir ? Car elles se contredisent toutes essentiellement, et il n'y a rien de plus intolérant et de plus personnel qu'une théorie signée d'un nom propre. Et puis, ces théories sont longues et difficiles à exposer ; et, en somme, fussent-elles parfaites, elles n'en sont que plus inapplicables à une société corrompue et troublée.

Le bon sens public a raison d'être fatigué d'entendre parler de l'idéal dans un moment où les maux sont à leur comble, et où le moindre adoucissement pratique nous vaudrait mieux que toutes les promesses et tous les rêves de l'avenir. Ce n'est donc pas le moment de rêver, on le sent, et on se plaint de l'impuissance des théories.

Et pourtant les théoriciens auraient tort de se croire forcés de répondre à des exigences désespérées. Le plus grand théoricien du monde ne peut donner que ce qu'il a, et s'il n'a point la panacée universelle, il n'en a pas moins le droit de critiquer, au point de vue de sa croyance, ce qui se fait de mauvais et d'erroné sous ses yeux. Le dix-huitième siècle n'a fait que de la critique, et le dix-neuvième siècle s'en est bien trouvé ; c'est que la critique, c'est l'analyse, par laquelle l'esprit humain

Contraste insuffisant

**NF Z 43**-120-14

procède toujours dans les masses avant d'arriver à la synthèse.

C'est là le malheur de l'humanité, la cause de ses temps d'arrêt et de ses déviations dans la route du progrès; et ce n'est point un malheur incurable ni éternel, autrement il n'y aurait point de progrès véritable. Le progrès lui-même (une éducation publique meilleure) produira peu à peu des hommes à la fois plus pratiques et plus théoriciens. Il établira dans nos facultés un équilibre qui n'a peut-être jamais bien existé, ou qui, du moins, est violemment ébranlé aujourd'hui par les orages et les malheurs publics. On s'étonne de voir tant d'intelligences produire si peu par leur réunion, ce qu'isolément on avait attendu d'elles; cela était fatal. Nous avons trop de théoriciens et trop d'applicateurs. Nous n'avons pas assez de théoriciens pratiques, pas assez d'applicateurs théoriciens.

Est-il donc cependant absolument impossible de faire la synthèse du présent, et de trouver la formule de la vérité applicable aujourd'hui ? Nous sommes persuadés qu'avant peu d'années, ce problème qui nous agite et nous torture sera éclairci. Ce ne sera ni par un théoricien, ni par un homme pratique, ni par un savant, ni par un esprit inculte, ni par une secte, ni par une assemblée législative; ce ne sera pas l'œuvre d'un homme ni d'un concile : ce sera l'œuvre de tout le monde, car les vérités ne se découvrent pas autrement.

Chacun cherche à sa manière la formule de la vie, depuis le laboureur à sa charrue, l'ouvrier à son chantier et le marchand dans sa boutique, jusqu'au philosophe dans sa cellule, au légiste dans ses livres, et à l'artiste dans ses contemplations. Chacun se trompe dix fois par jour dans ses diverses appréciations; et pourtant un jour vient où personne ne se trompe plus sur un certain point donné, qui est devenu évident pour tous, et que chacun s'imagine aussitôt avoir connu et admis de tout temps. Comment cela se fait-il? Par le miracle du progrès, Providence qui combat sans cesse la fatalité, et qui, au milieu de mille défaites, remporte à chaque phase du temps quelque victoire signalée, et inscrit dans ses archives quelque formule impérissable.

Quand la formule est trouvée, la vérité se démontre d'elle-même, et l'application n'est plus rien, parce qu'au moment où cette formule devient claire et acceptable pour tous, les expériences sont déjà faites. On a souffert longtemps et beaucoup avant d'en venir là. On peut apprécier les causes du mal et les détruire sans combat. Ceux qui sont restés par trop en arrière n'ont plus la force morale. On n'a qu'à secouer l'arbre ; la question est mûre, le fruit tombe.

Nous disions tout à l'heure que, du mariage impossible de deux formules contradictoires, la vérité ne pouvait naître. Ces deux formules, qui luttent dans l'humanité depuis tant de siècles, sont celle du pauvre et celle du riche. De tout temps les riches ont dit : *Nous voulons tout avoir.* Les pauvres ont dit : *Nous voulons avoir autant que vous.*

Les tyrannies, les révolutions, les religions, les sophismes, la foi et l'impiété, l'oppression et la révolte, tout y a passé, et la guerre dure encore. Le riche veut rester riche ; le pauvre ne veut pas rester pauvre. L'égalité est son vœu éternel, comme l'inégalité est l'éternel rêve du riche.

Heureusement nos mœurs sont plus avancées que nos idées. Tel homme, qui combat officiellement l'abolition de l'esclavage et de la peine de mort, est doux et humain dans la vie privée. Tel autre, qui porterait volontiers le bonnet sanglant de 93, ne saurait guillotiner qu'en effigie ses adversaires politiques. On se fusille dans de certains jours, et le lendemain on s'embrasse dans la rue. Aux deux côtés d'une barricade il y a de la rage et de la générosité, de la haine et de la pitié, de la grandeur et de l'aveuglement, du courage, et, ce qui est éminemment français, de la lâcheté nulle part.

Il n'y a donc point à désespérer d'une nation où le sentiment du beau et du bien atténue et répare sans cesse les égarements et les désastres de ses convulsions politiques. Il y a erreur, ignorance ou prévention dans tous les partis. Il y a peut-être dans tous bravoure, bonté, désir du vrai. Il y a des individus méchants, traîtres et cupides : les masses valent mieux que les individus, et rien ne prouve mieux que nous sommes faits pour la République.

La lumière est donc proche, car les sentiments sont généralement supérieurs aux idées, et l'humanité mérite que Dieu se révèle et la guérisse de ses erreurs. Mais l'erreur est grande, il ne fait pas se le dissimuler.

L'erreur consiste généralement à traiter les questions comme si elles n'avaient qu'une face, tandis qu'elles en ont deux. Tout le monde le sait, pourtant, depuis que le soleil et l'ombre existent, depuis que l'homme est esprit et matière, depuis qu'il faut chaud et froid sur la terre où nous vivons.

Et pourtant toutes les divisions, toutes les guerres, toutes les controverses sont nées de cette fatale opération de notre esprit, qui procède toujours par la négation d'une vérité aussi banale. On nous présente un objet; nous le voyons du côté qui nous fait face, et nous le décrivons aussitôt tel qu'il nous apparaît; ceux qui sont vis-à-vis de nous le voient sous un autre aspect, qui est tout aussi réel, mais qui nous échappe; et nous voilà à nous disputer les uns contre les autres, aucun ne voulant faire le tour de cet objet pour en prendre une notion exacte et complète. Il est blanc, disent ceux qui voient le côté lumineux. Il est noir, disent ceux qui voient le côté sombre. Et la controverse dure des siècles, à travers des flots d'encre, de sang et de larmes.

A l'heure qu'il est, nous sommes absolument ainsi autour de la question de la propriété. Elle est sacrée, disent les uns. Elle est un vol (1), disent les autres. Donc, consacrons le droit de propriété dans son acception la plus absolue, dit la Constitution, sauf à la défendre comme nous pourrons contre ceux qui disent qu'elle est un vol. Détruisons le principe de la propriété, disent ceux que froisse le principe ainsi entendu, sauf à respecter le fait tant que nous ne pourrons le combattre et le détruire. D'un côté, des propriétaires furieux qui défendent leur droit avec passion et arrogance, ne sachant comment le concilier avec le droit de vivre accordé au prolétaire ; de l'autre, des prolétaires indignés qui commencent à se repentir d'avoir trop respecté le fait de la propriété, et à perdre la conscience des droits respectifs méconnus par la société officielle.

Qu'y a-t-il pourtant au fond de cette question insoluble au premier abord ? Il y a une vérité qui a deux faces, et qui ne serait pas une vérité si elle ne les avait pas.

(1) Ceci n'est point une allusion au mot de M. Proudhon qui a soulevé tant de colères. M. Proudhon n'est pas communiste et n'a pas donné à ce mot le sens qu'on lui prête.

# II

J'ai dit que toute vérité abstraite, comme tout objet sensible, avait deux faces, et je me suis exprimé ainsi pour simplifier la démonstration. Car toute idée comme tout objet a autant de faces et d'apparences diverses qu'il y a d'individus placés pour l'observer et le comprendre, à des points de vue différents. Mais ne prenons que les deux points de vue extrêmes, et diamétralement opposés. Tous ceux qui seront intermédiaires pèseront d'autant plus dans la balance d'un côté ou de l'autre.

A un de ces points de vue nous trouvons la formule de la richesse : « La propriété est une chose imprescrip- » tible, personnelle, dont celui qui possède a le droit » d'user et d'abuser. » De l'autre, nous trouvons la for- mule du communisme : « La propriété est une chose » essentiellement modifiable et impersonnelle, dont tous » les hommes ont le droit d'user, dont nul n'a le droit » d'abuser. »

La question ainsi posée est fausse de part et d'autre,

1.

elle est insoluble parce qu'elle n'est point posée sur sa véritable base.

Je crois que la véritable définition de la propriété serait celle-ci : « La propriété est sacrée parce qu'elle est toujours le fruit d'un travail, d'une conquête ou d'un contrat auxquels l'humanité antérieure ou contemporaine ont adhéré. Le consentement est une sanction imprescriptible, même pour les richesses dont la source ne serait point pure. Nul ne peut dire : J'ai fait un mauvais marché avec vous : je reprends ce que je vous avais cédé, vendu ou donné. »

Mais il faudrait ajouter aussitôt : « La propriété est de deux natures : Il y a une propriété personnelle et imprescriptible. Il y a une propriété modifiable et commune. La définition générale donnée plus haut à la propriété est également applicable aux deux natures de propriété qu'il faut reconnaître. »

Le travail auquel ces réflexions sont annexées traitera et développera cette proposition à un point de vue qui n'est pas le point de départ de mes opinions. Parti du principe de la propriété, comme j'étais parti du principe du communisme, l'auteur de ce travail rejette absolument le mot que je tiens à maintenir ; et s'attache à prouver que l'admission du principe de *deux natures de propriété* éloigne à jamais le communisme de nos institutions. Sans doute, si le communisme est ce que ses adeptes veulent qu'il soit. Mais s'il est autre chose, s'il est ce que je crois, le mot oublié ou transformé, la chose doit rester, et l'idée doit faire son temps et son œuvre dans le monde.

Au reste, peu importe que l'auteur de ce travail voie l'avenir avec d'autres yeux que les miens. Quand on en est à prophétiser, les discussions sont oiseuses et insolubles. Ce que je regarde comme important pour le principe que j'ai posé tout à l'heure, c'est qu'un autre que moi y soit arrivé en voulant combattre le communisme, comme j'y étais arrivé de mon côté en voulant le défendre. C'est qu'apparemment, fatigués de contempler l'idée sous la face qui nous était toujours apparue, il nous est arrivé à l'un et à l'autre d'en faire le tour, et d'en voir les deux faces opposées. Je souhaiterais que tout le monde pût en faire autant ; et comme il y a partout des yeux au moins aussi bons que les miens, la vérité, l'esprit de justice, et la possibilité de s'entendre, y gagneraient certainement.

Je n'entreprendrai donc pas de définir ce qui est essentiellement personnel et absolu dans le domaine de la propriété privée ; ce qui est essentiellement impersonnel et modifiable dans le domaine de la propriété publique ; c'est l'objet du travail qu'on va lire : mais je placerai ici, pour ma satisfaction particulière, quelques réflexions sur le communisme et sur le rôle que je le crois appelé à jouer dans l'avenir.

## III

Le communisme est une doctrine qui n'a pas encore trouvé sa formule : par conséquent ce n'est encore ni une religion praticable ni une société possible; c'est, jusqu'à présent, une idée vague et incomplète. C'est pour cela qu'à l'état d'aspiration elle est très-répandue, et qu'à l'état d'église elle est fort restreinte. L'idée est puissante à l'état d'aspiration, et l'avenir est à elle; à l'état d'église elle ne peut rien, et disparaîtra peut-être sans avoir rien trouvé d'applicable hors de son sein.

Le communisme, lorsqu'il aura trouvé sa formule, deviendra donc une religion. La question est de savoir si, étant une religion, il pourra être une forme de société.

L'humanité peut admettre et professer un idéal, bien des siècles avant que sa constitution sociale soit l'expression de cette doctrine, et même sans qu'elle le soit jamais d'une manière absolue. La logique absolue voudrait pourtant que ce divorce entre la foi et les actes n'existât plus, et l'idéal d'une société parfaite serait un état social dont les institutions seraient en harmonie parfaite avec la religion professée par tous ses membres.

Mais le règne de la logique absolue n'est point encore de ce monde, et nul n'a le droit de nier ni d'affirmer qu'il en sera jamais. Il ne faut prendre l'homme ni absolument tel qu'il est aujourd'hui, car ce serait nier le progrès, ni absolument tel qu'il devrait être, car ce serait trop présumer d'un avenir voilé pour nous. Il faut le prendre tel que nous pouvons raisonnablement le concevoir, même en nous laissant aller à un peu d'optimisme ; c'est la tendance des âmes aimantes : il ne faut point que cette tendance dégénère en folie.

Nous ne pouvons donc affirmer dogmatiquement que les hommes arriveront un jour à une telle unité de vues, à un tel accord de raison et de sentiment, qu'une religion puisse s'établir parmi eux sans rencontrer de dissentiments et de résistances. Aussi loin que nos regards peuvent porter, nous voyons le principe de la liberté humaine indissolublement basé sur le principe de la liberté de conscience. Toute religion étant une idée plus ou moins absolue, nous ne voyons donc pas qu'il soit possible d'identifier la loi sociale à la loi religieuse, la politique à la philosophie, car ce serait la destruction de la liberté humaine. Que la religion, l'idéal servent de base et même de but au législateur, il le faut, autrement la loi est athée, et la société le deviendra ; mais il y aura toujours (les conservateurs l'ont dit eux-mêmes et avec raison) une distinction essentielle à maintenir entre la loi divine et la loi humaine.

La religion est, de sa nature, une libre inspiration de la conscience individuelle, et s'il plaît à la conscience individuelle de s'imposer une croyance absolue, erronée même, elle le peut. Il ne tiendra qu'à elle de reprendre ses droits à l'examen, et de modifier sa doctrine. Mais la loi sociale, qui ne peut point se soumettre aux opérations journalières de la conscience de l'individu, doit être à la fois plus tolérante pour le principe, plus absolue dans le fait que la loi religieuse.

La loi, dans son application, est donc quelque chose d'arrêté et d'absolu qu'il n'est permis à personne d'interpréter à sa guise dans les actes de la vie civile. C'est pour cela qu'une religion qui serait imposée par les lois civiles ou politiques serait une tyrannie à laquelle, grâce à Dieu, nous avions juré d'échapper, et ce n'est pas pour retomber sous le joug d'une théocratie que l'humanité a tant souffert et tant combattu. L'idéal re-religieux nous enseigne la fraternité; la loi humaine ne peut nous prescrire l'exercice de cette vertu que jusqu'à un certain point. Elle peut sévir contre nous quand nous tuons notre frère par le meurtre, la calomnie ou la diffamation. Elle doit réprimer tous les actes extérieurs qui violent le contrat de la fraternité humaine; mais elle ne peut atteindre nos sentiments et nos instincts dans les actes qui ne portent point directement atteinte à la vie et à l'honneur de notre semblable. Moïse a dit : *Tu ne tueras point*, et il a pu faire de cette prescription une loi civile. Jésus a dit : *Tu ne haïras point*, et il n'a pu faire de ce précepte qu'une loi religieuse. *Respecte ton semblable*, disait le premier. *Aime-le*, a dit le second. On voit la différence. Au nom de la divinité l'on peut commander au sentiment; mais c'est de Dieu seul que nous pouvons recevoir un ordre qui n'a son critérium que dans le sanctuaire même de notre âme. Au nom de la loi humaine, qui est notre propre ouvrage, nul ne peut dire à son semblable, qui est désormais son égal : « Je commande à ta conscience, et je te veux forcer d'être bon. »

Ce raisonnement, les conservateurs l'ont fait, je le répète; mais toute vérité devient un sophisme dans les esprits prévenus. Ils ont conclu de cette distinction, irréfutable en elle-même, que l'État ne pouvait pas prescrire la charité, c'est-à-dire l'exercice de la fraternité sous forme d'impôt. Non certes, l'Etat n'en aura jamais le droit, si ce droit n'existe pas dans l'humanité à l'état de droit du pauvre. Mais ce droit existe, et il n'est pas question ici de *charité*. La charité individuelle pourra toujours s'exercer sans que la loi s'en mêle; la loi ne pourra jamais ni l'augmenter ni la restreindre. M^s la charité n'a rien à faire dans la consécration d'un droit, et le riche ne peut pas dire au pauvre : Tu n'as pas le droit de vivre. C'est ma charité seule qui te le permettra.

Honte à l'humanité et malheur à la richesse si c'est là sa formule !

Mais non, ce ne l'est point. Les hommes ne sont pas si méchants qu'ils sont aveugles. Pardonnez-leur, mon Dieu, ils ne savent ce qu'ils disent !

L'auteur du livre auquel ces réflexions servent de préface s'est chargé de démontrer le droit de celui qui ne possède pas, corrélatif au droit de celui qui possède. Nous examinons ici le communisme à l'état de doctrine religieuse ; voyons s'il peut et s'il doit passer un jour à l'état de doctrine politique et sociale.

Non, le communisme ne peut pas devenir une loi politique et sociale comme la plupart des communistes l'ont cru jusqu'à ce jour. L'auteur d'*Icarie* pourra faire un roman et réaliser le rêve d'une colonie où règnera la fraternité modèle. Moi aussi j'ai fait des romans. Il est permis à tout le monde d'en faire, et de lancer son âme à travers tous les rêves de l'idéal. Il est bon même que ces sortes de fantaisies généreuses et naïves, plus ou moins bonnes, plus ou moins folles, viennent de temps en temps chanter un cantique de fraternité évangélique à l'oreille de l'homme qui rêve loin du tumulte des passions égoïstes. Il est permis aussi à tout le monde de fonder une communauté où les âmes fraternelles viendront mettre en commun leurs croyances, leurs pensées, leurs sentiments et les fruits de leur travail.

Honte à l'intolérance brutale qui menace et persécute les adeptes inoffensifs d'une croyance individuelle ! Mais honte et blâme aussi à ces adeptc, s'ils croyaient jamais avoir le droit d'imposer, par surprise ou par violence, à la société, une loi morale et religieuse que la société n'aurait point consentie! Ils recommenceraient donc l'œuvre de l'inquisition, car le temps est passé où l'homme osait dire à l'homme : « Je t'ordonne de croire.

Mais ne craignons rien de semblable : les romans sont des romans, et non pas des constitutions. Les associations ne sont pas des sociétés, et une communauté n'est pas une nation. Le communisme serait bien peu de chose s'il n'avait pour organes que des romans et des essais de ce genre. Le communisme est une idée aussi ancienne que le monde. C'est une des deux faces de la vérité. Il est le côté d'une idée dont une moitié du monde n'a jamais voulu regarder que l'autre côté. Voilà pourquoi il n'a point encore trouvé sa formule. Voilà pourquoi, tant qu'il ne l'aura pas trouvée, il pourra faire des adeptes à l'état d'idée religieuse, et ne pourra constituer une société.

S'il est une religion, j'y adhère de toute mon âme. Si je suis riche, tout ce dont je puis disposer est à tous ceux que je puis aider. Si j'ai peu, ce peu, j'en ferai le même usage relativement. Ma conscience et l'Évangile, qui est pour moi le plus beau des enseignements divins, me le commandent ; et c'est précisément parce que je possède quelque chose que j'ai le devoir d'être communiste. Mais, si le communisme est une société, je m'en retire, parce que je me vois aussitôt forcé d'être en guerre et en lutte incessante avec tous ceux de mes semblables qui ne reconnaissent pas l'Evangile, et me voilà obligé d'être leur persécuteur et leur oppresseur au nom de l'Evangile, c'est-à-dire de recommencer l'œuvre de Dominique, le brûleur d'hommes et de livres. Or, je ne conçois pas l'établissement d'une société pareille, et c'est pour le coup que je demande à me refugier en Icarie, où, du moins, quelques hommes sont probablement d'accord sur quelques points (1).

Mais le communisme, lorsqu'il aura trouvé sa formule, c'est-à-dire lorsqu'il ne sera plus la moitié d'une vérité, lorsqu'il aura fait le tour de l'idée dont il n'a encore contemplé qu'une face, sera-t-il forcément exclu de la forme sociale et de l'action politique? Non; tout au contraire, il y apportera l'équilibre qui manque à la société, et faute duquel, trop chargée d'un côté, elle

(1) Et pourtant, comme dans le moment où nous vivons on parle encore, dans les provinces, de pendre et de brûler les communistes, moi, personnellement, je ne répudierai point ce titre dangereux. Je ne le ferais que le jour où le communisme triompherait en politique, et m'adresserait les mêmes menaces que les conservateurs m'adressent aujourd'hui. Jean-Jacques Rousseau disait: Je suis philosophe avec les superstitieux, religieux avec les athées. Il est des temps d'anarchie morale où cette parole de Jean-Jacques est nécessairement la devise de tout esprit sincère et courageux.

s'écroule fatalement. Il est un des piliers nécessaires sur lesquels reposera l'édifice futur, et cela sera beaucoup plus tôt qu'on ne pense, si l'on ne continue pas à se battre sans savoir pourquoi, et à faire de part et d'autre d'inutiles et funestes prodiges d'héroïsme et d'aveuglement.

Il deviendra alors un élément régulier de reconstruction sociale, comme le christianisme, comme toutes les religions importantes le sont devenues en leur temps. Mais peut-être, à l'heure qu'il est, serait-il difficile de faire admettre à ceux de ses adeptes qui se sont constitués en petite église qu'ils n'ont que deux partis à prendre : ou protester, comme religionnaires, contre tout ce que l'humanité professe et pratique, et se retirer au désert en communauté pour montrer qu'ils sont vraiment les disciples d'une religion de fraternité qui proserit la guerre, les conspirations et les ambitions politiques (1) ; ou rester dans la société, en accepter le fait et garder leur idéal en silence. Il y en aurait un troisième, qui serait d'examiner sincèrement si leur théorie est applicable, même dans l'avenir, et de reconnaître qu'elle ne l'est point, à moins qu'ils ne la modifient à mesure que la théorie contraire se modifiera par la force des

(1) Je suis loin de les en accuser, mais on les en accusera tou_ , puisqu'ils représentent et personnifient ce qu'il y a de plus absolu dans l'idée communiste, ils serviront toujours de prétextes aux terreurs des propriétaires et aux intrigues de la réaction.

choses; car chaque école a la moitié du chemin à faire avant d'en venir à fonder une société durable. Mais il n'en sera point ainsi de part ni d'autre. Le temps seul fera ce miracle, et nous y aurons fort peu contribué. Mais nous aurons fait notre devoir en déclarant et en répétant qu'il y a *deux natures de propriété :* la part *individuelle*, qui est largement faite à quelques-uns, et qu'il faudra respecter quand même ; *la part commune*, qui a été envahie, dérobée à tous par quelques-uns et qu'il faudra restituer.

GEORGES SAND.

L'Europe traverse en ce moment une des crises les plus mémorables qui ait agité l'humanité depuis des siècles.

Partout la société est ébranlée sur les anciennes bases ; partout l'ORDRE est troublé.

L'Ordre, c'est-à-dire l'exploitation du grand nombre au profit de quelques-uns, le triomphe du privilége sur l'égalité.

L'esprit révolutionnaire souffle dans tous les cœurs. L'Italie, la Sicile, Naples, l'Autriche, la Hongrie, la Prusse, les provinces Danubiennes, tous les Etats d'Allemagne sont en proie à des convulsions terribles, symptômes solennels d'une vaste et profonde régénération sociale. Les peuples se lèvent, et les vieilles monarchies ébranlées s'agitent sur leurs bases avant de descendre dans l'abîme, entraînant avec elles toutes les injustices du passé.

Depuis les rives du Danube jusqu'aux bords de notre Océan, l'esprit révolutionnaire est partout.

Mais c'est de Paris que le premier signal est parti ; la France a ouvert à l'Europe, au monde, un horizon nouveau.

Vingt-quatre heures ont suffi pour accomplir la révolution politique par l'établissement de la République et par l'inauguration du suffrage universel.

Le lendemain du triomphe définitif de la démocratie, un nouveau problème a surgi, enfanté par une puissance supérieure à toutes les puissances de ce monde, par la loi du progrès humain.

La question sociale a été posée, elle appartient à notre pays, à notre révolution, à notre siècle ; elle restera.

C'est un *fait accompli*, comme on disait sous le dernier règne ; il a pénétré tous les esprits et il les a impressionnés diversement. Chez les uns, il excite la sympathie et provoque le dévouement ; chez les autres, il est un objet de haine, un motif de colère ou d'appréhension ; mais qu'importe, le vent révolutionnaire a porté le germe fécond dans tous les cœurs, sous la forme de la calomnie, comme sous la forme de la propagande, et ce germe sera fécondé.

Tôt ou tard la lumière se fera, les exagérations s'éteindront, les erreurs, les malentendus disparaîtront, le voile qui couvre encore la solution du problème social s'évanouira devant la loyauté des explications, devant l'expérience du temps, devant la logique souveraine des faits.

Avec la République démocratique et le suffrage universel, la dernière révolution s'est accomplie, l'insurrection ne peut plus avoir ni logique ni sanction ; les révolutions politiques se font par les armes ; les révolutions sociales se font par la raison. — Une victoire suffit pour rendre aux peuples le libre et plein exercice de leurs droits ; l'emploi de la force n'apporte point nécessairement avec lui la conviction, et pour arriver à une transformation sociale ou économique, ce qui est la même chose, il faut convaincre avant tout.

L'étude, la propagande, la discussion, la diffusion des lumières, telles sont nos armes aujourd'hui. De quel côté que se trouve la vérité, elles assureront son triomphe.

C'est tout ce que nous demandons.

# I

## La politique et le socialisme.

Lorsque nous réclamions des droits politiques pour
les parias de la société monarchique-constitutionnelle,
on nous disait : « Le peuple se soucie fort peu de vos
droits politiques, donnez-lui du pain et abandonnez le
soin des affaires publiques à ceux qui ont le temps de
s'en occuper. » C'était alors le règne des hommes de
loisir ; la domination de ceux qui avaient le superflu sur
ceux qui n'avaient pas le nécessaire.

Nous répondions : « La réforme sociale est subor-
donnée à la réforme politique ; l'une amènera nécessairement l'autre. Pourquoi, quand tous produisent, tous
ne peuvent-ils pas consommer ? pourquoi voyons-nous
tant de misère à côté de tant de richesses ? pourquoi ce
problème de la vie par le travail , tant de fois soulevé,
n'a-t-il jamais pu recevoir de solution ? — Parce que
votre forme aristocratique est impuissante devant les
immenses difficultés qu'il soulève ; parce que le peuple
travailleur est appelé à triompher d'un mal devant le-

quel votre isolement vous condamne à l'impuissance. Donnez-lui le droit d'étudier avec vous les questions qui vous intéressent, vous et lui, et vous verrez les difficultés disparaître sous cette commune et irrésistible pression. »

Nos prévisions se sont réalisées. La révolution politique était à peine accomplie, que la question sociale s'est posée d'elle-même.

Cette question se résume en trois mots : *Droit au travail.*

La solution en est renfermée dans un fait : *La constitution de la propriété.*

Abordons franchement, sans haine et sans prévention, le problème et la solution qu'il suppose. N'imitons point ceux qui nient le mal parce qu'ils en ont peur, qui ferment obstinément les yeux sur le danger, espérant être à l'abri parce qu'ils ne le voient point. A une époque comme celle-ci, il serait coupable et insensé de vouloir mettre une barrière à l'esprit d'investigation, et de vouloir maintenir la lumière sous le boisseau. Quoi qu'on fasse, la vérité trouve toujours une issue, et les efforts que l'on a faits pour comprimer son essor irritent les meilleurs esprits et n'empêchent rien.

Nous devons donc nous demander si tout homme a le droit de vivre en travaillant?

Si l'état, en nous obligeant à respecter la propriété mobilière et immobilière de celui qui possède, n'est pas tenu de protéger aussi la *propriété de nos bras?*

Si la façon inintelligente et étroite dont on comprend le principe de la propriété n'exerce pas une influence malheureuse sur l'application du principe du droit au travail?

Comment enfin la société doit entendre la constitution de la propriété, pour satisfaire aux besoins et aux droits de tous?

Je crois qu'il existe, en dehors des théories absolues de l'utopie, en dehors des prétentions absolues de la propriété, une solution possible, praticable, de la question du travail. Cette solution n'est point éclose, un beau jour, dans le cerveau de tel ou tel philosophe, de tel ou tel économiste; elle se déduit invinciblement de l'étude sérieuse, impartiale, des diverses phases qu'a subies la constitution de la propriété, des résultats quelle a produits dans ses différents modes d'existence, des modifications qu'elle peut et doit encore subir, au point de vue personnel et au point de vue social. Il ne s'agit point, dans ce rapide travail, de s'élever aux plus hautes abstractions philosophiques; il me suffira de raconter simplement l'histoire de la propriété, pour en faire ressortir, avec ses vices et ses vertus, la loi économique qui l'a régie jusqu'à nos jours.

## II

### Du droit au travail.

Il y a des vérités qu'il suffit d'énoncer pour les faire comprendre et admettre. Les faits économiques sont de ce nombre; ils portent avec eux leur développement et leur moralité.

Un économiste anglais que l'on a beaucoup attaqué et qui a pourtant rendu un immense service à la science sociale en développant avec une logique effroyable les vices de l'ancienne société, Malthus, écrivait à peu près ceci : « Tout homme qui naît sans moyens d'existence est de trop en ce monde. Au banquet de la vie il n'y a point place pour lui, il faut qu'il meure, et la nature se charge d'exécuter elle-même cet arrêt fatal. » Logicien inflexible, mais aveugle, Malthus attribuait à la nature, c'est-à-dire à Dieu, ce rôle de pourvoyeur de la mort, qui appartenait exclusivement aux vices inhérents à la forme sociale.

Les disciples de Malthus qui nous ont gouvernés depuis cinquante ans, tout en reniant ostensiblement la conclusion de leur maître, ont voulu introduire dans la constitution de la République démocratique cet odieux blasphème, ce *væ victis* qui va fatalement frapper le pauvre dans son existence, dans celle de sa femme et de ses enfants. Ces hommes-là, en se faisant les champions de la propriété absolue, se sont condamnés, sans le savoir, à seconder la nature (selon Malthus) dans son affreuse besogne. Mais ils croient fatalement à l'inviolabilité de la forme actuelle. Pour eux, ce qui est, est, et ne saurait être autrement. Qui parle de toucher à une pierre de l'édifice social est un fou qu'il faut bâillonner, ou un misérable qui a juré la destruction de la propriété et de la famille, et qui veut plonger la société dans l'état de sauvagerie.

Étrange aberration ! Nous demandons que la société protège la vie de l'homme contre la faim, comme elle la protège contre l'assassinat ; nous demandons qu'elle protège le travail du prolétaire contre le monop' comme elle protège la propriété contre le vol, et l'on nous traite de barbares !

Les barbares, où sont-ils ?

Quand un homme vient et vous dit : « J'ai femme et enfants et je n'ai plus de pain à leur donner; cependant je suis jeune, fort et habile. Société que j'ai défendue au prix de mon sang, que j'ai enrichie en te donnant la majeure partie de mon pauvre salaire, je te demande de l'ouvrage, pour que moi, ma femme, mes enfants, nous ne mourions pas tous de faim ! »

Ne sont-ils pas les vrais barbares, ceux qui lui répondent :

« J'ai reçu ton sang et ton argent, je te dois protection. Quand tu seras riche, je protégerai tes terres, tes maisons, tes capitaux. Quand tes fils auront reçu une complète éducation, peut-être leur confierai-je une fonction dans l'état. Mais pour toi, je ne peux rien. L'industrie est libre, et je me garderai bien de grever le trésor, et de faire renchérir la main-d'œuvre en te donnant du travail.

—Mais j'ai faim; mes enfants, ma femme... ma tête se perd... faut-il qu'ils meurent... ou que je me fasse voleur ?...

—Si tu voles, tu seras puni, et ta postérité sera déshonorée avec toi. Cependant, je suis bonne mère; je gémis de la dure nécessité à laquelle me condamne le principe sacré de la *liberté absolue* du travail; je te donnerai un conseil : aie recours à l'aumône.

— L'aumône! mais ne sais-tu pas que l'aumône flétrit ceux qu'elle ne corrompt pas?

— La charité de mes fils aînés est aussi délicate que féconde : on souscrira, on jouira, on dansera, on s'amusera au profit de ta misère, et de belles jeunes femmes iront te porter notre offrande!

— Pour mes enfants, je me soumets à toutes les humiliations... mais la charité est, par sa nature même, essentiellement facultative ; elle n'est pas inépuisable : si l'aumône vient à manquer ?...

— Oh ! alors... alors...

— Alors ! ce ne sera pas la première fois qu'on aura vu sur les dalles de la Morgue le cadavre exténué d'un *prolétaire mort littéralement de faim.* »

La société qui condamne ainsi ses enfants a-t-elle le droit d'appeler barbares ceux qui prétendent qu'il y a place pour tous au soleil, et que l'état doit protéger contre la misère et la faim ceux à qui le travail vient à manquer ? Ne comprend-on pas que cette théorie, aussi folle que coupable, appliquée dans le domaine des faits avec la franchise, avec le cynisme qu'y a mis Malthus, deviendrait, sans la patience infinie du peuple travailleur, un irrésistible élément de désordre, et emporterait rapidement avec elle propriété, famille et civilisation ?

Je dois cependant le dire, à l'honneur de l'humanité, les défenseurs du droit absolu de propriété n'arrivent pas à cette terrible et affreuse conclusion sans avoir examiné, au moins superficiellement, les moyens de l'éviter.

« En proclamant le droit au travail, disent-ils, il arrivera de deux choses l'une : ou vous ferez de l'état le producteur universel, ou il deviendra, pour les industries particulières, un concurrent tout-puissant qui les aura bientôt ruinées. Dans les deux cas, vous aboutissez directement au communisme, c'est-à-dire à l'absorption de toutes les facultés productives du pays au profit de l'état. Mais il y a cent raisons aussi concluantes l'une que l'autre pour démontrer que le communisme, comme toutes les idées absolues, est irréalisable ; qu'il n'est ni dans les idées, ni dans l'esprit, ni dans les mœurs de la France, et que les faits y opposent une résistance invincible.

Or, nous ne sommes pas communistes,

Donc nous repoussons le principe du droit au travail. »

Je ne crois pas plus que vous au communisme comme science applicable, comme forme sociale réalisable dans les temps actuels, et même dans des temps très-éloignés. Mais s'il faut se défier des théories absolues, il faut éviter aussi tout jugement trop absolu. Il n'y a en réalité d'absolu, dans ce monde, que l'existence de Dieu et la souveraineté du peuple. En procédant par l'absolu on arrive à l'absurdité, on aboutit à l'impuissance. Les pieux cénobites qui prétendaient atteindre la perfection absolue enseignée par la loi chrétienne sont morts de misère ou tombés dans la folie.

Le principe du droit au travail conduit-il nécessairement, invinciblement au communisme?

Si vous entendez ainsi l'application du droit au travail, qu'auprès de chaque atelier industriel l'état fondera un établissement pour accueillir les ouvriers auxquels l'industrie particulière ferait défaut, vous avez raison. Si vous admettez que l'état devra offrir un atelier de filature au filateur sans travail, une fonderie au fondeur, une boutique d'horlogerie à l'horloger, au peintre une commande de tableaux, etc., vous aurez encore raison.

En supposant que la question du travail n'eût d'autre solution que celles-là, je ne désespérerai point encore du sort des travailleurs ; plein de confiance dans la Providence, qui veille sur le sort du pauvre comme sur celui du riche, je dirais à mes concitoyens : « Cherchons toujours, Dieu bénira nos travaux. » Mais il en est autrement. Pour entrevoir la solution de ce problème il suffit de garantir soigneusement son esprit de toute exagération ; il ne faut pas confondre l'enthousiasme avec l'exagération. Si en temps de révolution l'enthousiasme peut tout sauver, l'exagération doit tout perdre.

Envisageons donc sainement tous les éléments de la question du travail, demandons-nous d'abord quelle est sa véritable importance.

Jusqu'ici on a essayé de faire croire que ce problème n'intéressait sérieusement que la population industrielle des villes manufacturières. C'est une grave erreur. Le mal est plus profond, la plaie est plus vaste qu'on ne pourrait le croire. Les documents officiels nous édifient complétement sur ce triste sujet. Sans avoir les proportions du paupérisme anglais, cette lèpre a atteint en France une mesure effrayante. Le droit au travail et le droit à l'assistance s'impliquent mutuellement, et entraînent nécessairement la suppression de cette plaie hideuse de la mendicité, qui fournit à la France, d'après les statistiques officielles, une population de quatre millions de mendiants. Si la charité privée demeure supprimée, l'état sauve l'individu de la faim et de la corruption ; il le relève à ses propres yeux. Le sentiment de charité se modifie et s'épure. En s'exerçant individuellement, il établit un inférieur et un supérieur : orgueil d'un côté, humiliation de l'autre. En passant par l'intermédiaire de l'état, il respecte le sentiment de l'égalité. Ces quatre millions de mendiants que l'état tire de la misère et de l'abjection appartiennent exclusivement à la population des campagnes, où ils vivent en parasites, loin des moyens de répression, et aux dépens de malheureux ouvriers des champs, presque aussi pauvres qu'eux. Il faut avoir vécu au sein des campagnes pour voir les prodiges de charité que le pauvre paysan y accomplit.

Ainsi la population industrielle, qui s'élève à 13 millions d'âmes (parmi lesquels on compte 10 millions de population manufacturière) ; les mendiants, qui sont au nombre de 4 millions, voilà 17 millions de Français sur trente-cinq pour qui la question du droit au travail est une question de vie ou de mort.

Et croyez-vous que le reste de la France ne s'y trouve pas intéressé ? Croyez-vous que si, par un emploi intelligent de toutes les forces disséminées et réduites à un rôle purement négatif, on obtenait un accroissement de production, la France tout entière n'y trouverait pas un immense bénéfice ?

Car, qu'est-ce, en définitive, que l'application du principe du droit au travail ? C'est imposer à l'État l'obligation d'employer tous les bras valides, de les utiliser dans l'intérêt de tous, d'augmenter par tous les moyens possibles la masse de la production, de féconder tous les éléments de richesses que possède le pays. L'idéal d'un bon gouvernement est renfermé dans ces deux axiomes économiques :

« Rendre la production facile à tous. »

« Rendre la consommation possible à tous. »

Donc la question du travail intéresse la société tout entière, sous le rapport matériel, par l'accroissement indéfini de la production, et, par conséquent, de la richesse sociale, sous le point de vue moral, par les liens d'étroite solidarité dont elle enveloppe la société française. Ainsi rien ne s'opposerait à ce que ce grand acte de justice s'accomplisse dans le sein de la République démocratique, si on pouvait démontrer aux intelligences de bonne volonté, mais troublées par le fantôme d'une théorie absolue, que les réformes nécessitées par la question du travail n'aboutissent pas fatalement au communisme, c'est-à-dire à la monopolisation par l'Etat de tous les instruments de travail, de toutes les propriétés privées.

.C'est le but que se propose ce livre.

On a dit :

Les réformes sociales qui assurent l'existence à tous, la liberté à tous, par la garantie du travail, doivent nécessairement amener un remaniement complet, universel, des bases de la société actuelle.

C'est une erreur profonde enfantée par deux faits séparés qu'il importe de rapprocher ici.

Les partisans de l'utopie communiste, frappés des souffrances, des injustices, des désordres, produits par la constitution actuelle de la propriété, voulant détruire **le mal, ont cru en condamner la cause en niant purement et simplement la propriété.**

Les propriétaires épouvantés sont tombés dans l'exagération contraire en affirmant d'une manière absolue le principe de la propriété.

La propriété; ont-ils dit, telle qu'elle est établie, avec ses vices et ses avantages, avec ses conséquences funestes et avec ses résultats précieux, est inviolable; son principe et sa constitution sont immuables, et malheur à qui portera sur elle une main sacrilége !

*Tollitâ causâ, tollitur effectus :* « Plus de cause, plus d'effet, » ont répondu les communistes. La propriété, telle que vous la pratiquez, est la cause de tout le mal ; donc plus de propriété.

Malentendu déplorable, affligeante exagération qui a déjà causé, de part et d'autre, tant de maux irréparab' et qui déchirera peut-être encore le sein de la patrie, si le bon sens et la bonne foi ne mettent un terme à cette **lutte absurde et criminelle !**

Aux propriétaires, nous dirons :

En conscience, croyez-vous que la propriété soit à l'abri de tout reproche?

Aux communistes, nous dirons :

En conscience, croyez-vous que, dans la société où vous vivez, la propriété n'ait pas un côté fécond et utile?

De quoi s'agit-il donc?

De maintenir la propriété, mais de lui faire subir les modifications commandées par le progrès du temps, par les nécessités de la civilisation.

—Modifier la propriété! Mais où vous arrêterez-vous? nous diront les propriétaires et les communistes.

— Vous irez trop loin, diront les uns; vous vous arrêterez trop tôt, s'écrieront les autres.

En effet, l'objection est grave, et il n'appartient point à une intelligence humaine de la résoudre. On ne trouvera l'autorité nécessaire pour imposer légitimement la mesure de ces réformes ni dans l'idéal du plus illustre philosophe, ni dans les théories du plus habile économiste. Elles doivent se déduire logiquement de l'histoire de la propriété appliquée aux faits qui nous entourent.

C'est de l'histoire que les nations tirent leurs enseignements politiques et sociaux, et un esprit sérieux ne saurait concevoir la folle prétention de vouloir se lever contre ses arrêts (1).

(1) « L'histoire est le témoin des temps, la lumière de la vérité, l'école de la vie. » (*Cicéron*, de Orat., liv. II, ch. IX.)

# III

## Du principe de la propriété.

La première question qui se présente à notre esprit en traitant du principe de la propriété, c'est de savoir si ce principe est de droit naturel, c'est-à-dire s'il est antérieur et supérieur à tous les droits sociaux. L'homme naît-il *propriétaire*, comme il naît libre et égal? personne n'oserait le soutenir. L'idée de propriété suppose nécessairement la préexistence d'un état social quelconque. « Cette idée, dit Rousseau, dépendant de beaucoup d'idées antérieures qui n'ont pu naître que successivement, ne se forma pas tout d'un coup dans l'esprit humain; il fallut faire bien des progrès, acquérir bien de l'industrie et des lumières, les transmettre et les augmenter d'âge en âge, avant d'arriver à ce dernier terme de l'état de nature. » Et nous ajouterons que cette idée, toute relative, a dû subir des modifications suivant les époques et suivant les peuples chez lesquels elle se développait. Faisant abstraction du milieu social, que l'on se demande pourquoi tel individu possède cette terre, ce champ à l'exclusion de tout autre? la réponse viendra à tout le monde : cette terre fait-elle partie de son corps, est-elle essentiellement inhérente à son être, trouve-t-on dans sa conformation physique un indice lui attribuant une qualité particulière et distinctive qui le rende apte, plutôt que tout autre, à posséder tel ou tel champ ? Evidemment non.

Cependant il possède ce champ, et nul membre de l'état social ne peut songer à le lui enlever. Il le possède donc en vertu d'un droit conventionnel, résultant du fait de la réunion des hommes en société. Ce droit est subordonné à la volonté de la société qui l'a engendré, et qui peut conséquemment l'étendre, le limiter ou le détruire.

Le principe de la propriété n'est donc point un principe absolu, appuyé sur le droit naturel.

C'est un droit purement social, c'est-à-dire soumis aux mêmes vicissitudes que la société qui l'a fait naître (1).

(1) Cette opinion est celle de plusieurs écrivains célèbres qui pourraient, au besoin, faire autorité en cette matière, si la logique et le sens commun étaient insuffisants.

Montesquieu pose pour maxime que la propriété est un ouvrage de la société, et une émanation du droit civil plutôt que du droit naturel. (*Esprit des lois*, livre XXVI, ch. xv.)

« Une propriété particulière, dit Mirabeau, *est un bien acquis en vertu des lois. La loi seule constitue la propriété*, parce qu'il n'y a que la volonté politique qui puisse opérer la renonciation de tous, et donner un titre commun, un garant à la jouissance d'un seul. »

« C'est l'*établissement seul de la société*, ce sont les *lois conventionnelles*, qui sont la véritable source du droit de propriété, » ajoute Tronchet.

« La propriété et le droit qu'a chaque citoyen de jouir de la portion de bien *qui est à lui, est garantie par la loi*, disait, à son tour, » Robespierre.

Aucune de ces opinions ne tend, même indirectement, à nier la légitimité du droit de propriété, mais elle ont pour but d'asseoir ce droit sur le principe de la justice, afin de le convertir en lui assignant ses limites naturelles.

Ceux qui disent que la propriété est un *droit naturel* exagèrent ;

Ceux qui *nient* le droit de propriété exagèrent aussi ;

Ceux qui l'instituent sur sa véritable base font preuve de sagesse, et raffermissent son principe.

Lorsque Rousseau dit : « Le premier qui, ayant enclos un terrain, s'avisa de dire : *Ceci est à moi*, et trouva des gens assez simples pour le croire, fut le vrai fondateur de la société civile, » il est dans le vrai ; mais lorsqu'il ajoute : « Que de crimes, que de guerres, que de meurtres, de misères et d'horreur n'eût point épargnés au genre humain celui qui, arrachant les pieux ou comblant les fossés, eût crié à ses semblables : Gardez-vous d'écouter cet imposteur ; vous êtes perdus si vous oubliez que *les fruits sont à tous, et que la terre n'est à personne!* « la sensibilité de son cœur l'entraîne hors des voies de la vérité et le fait tomber dans une bien étrange erreur. Rousseau fait le procès de l'humanité tout entière ; il nie la civilisation, le progrès, pour représenter l'homme à l'état de nature, c'est-à-dire à l'état sauvage, comme ayant atteint la perfection humaine.

« Pour l'homme, dès sa première origine, lorsqu'il s'identifie avec les autres animaux, les fruits sont à tous, la terre n'est à personne. »

Pour la bête fauve qui vague dans les bois, pour l'oiseau qui traverse les airs ; « les fruits sont à tous, la terre n'est à personne. »

Dans les anciens mythes qui retracent les premiers temps du monde, dans le mythe chrétien, comme dans le mythe païen, dans l'Éden comme dans l'âge d'or, « les fruits sont à tous, la terre n'est à personne. »

Le jour qui a vu le premier homme dire : *Ceci est à moi*, a inauguré dans le monde le règne du travail et de la famille, le progrès, la vie.

L'homme qui construisit la première hutte se dit : « ceci est le produit de mon travail, ceci est à moi. » Puis d'autres imitèrent son exemple, profitèrent des fruits de son expérience, et alors s'établit entre eux cette espèce de contrat mutuel d'assurance qui constitua la société civile et consacra le fait de la *propriété privée*. Que ce fait, conduit, eh se développant, à des conséquences extrêmes, ait produit bien des crimes, des misères et des horreurs, je ne le nie pas, mais l'excès ne peut condamner l'usage. La *propriété privée* a tiré l'homme de l'*espèce* pour en faire un *individu* ; elle l'a délivré des liens qui le maintenaient au niveau de la brute, et lui a inspiré ces sentiments de dignité, de fierté, d'orgueil, qui le distinguent des autres animaux. Le principe de la propriété, développé par l'égoïsme ou amour de soi ( dans le sens philosophique et moral de ce mot ), a créé l'agriculture, le commerce, l'industrie, les arts, tous les trésors de la civilisation.

Qu'on dise que l'homme, dans l'état de nature, errant comme les autres animaux dans les forêts, était plus heureux que dans l'état civilisé, il sera permis d'en douter ; mais, ce que l'on peut affirmer sans crainte, c'est que si l'homme a suivi ses véritables destinées, en développant, depuis des siècles, son intelligence et son cœur, en soumettant la nature tout entière à la puissance irrésistible de son génie, en se rapprochant de la Divinité par le travail et la science , c'est à la propriété que cela est dû.

L'exagération de ce fait a rempli le monde de désolation et de misère ; mais est-ce un motif pour repousser le principe d'une manière absolue, pour nier ses bienfaits et en tarir la source ? Cherchons donc dans l'histoire, à travers toutes les tristes discussions que le principe de la propriété a soulevées, la solution pacifique de ce redoutable problème.

La vie de l'humanité est un livre ouvert à tous. Phi-

losophes, politiques et peuples vont tour à tour y chercher des enseignements et puiser aux sources fécondes
de la tradition la véritable loi du progrès.

## IV

### Histoire des premiers peuples.

Quand on considère, à travers les ténèbres de la tradition, l'histoire générale des premiers peuples de la
terre, on est frappé de retrouver, dans chaque nation,
le même fait se manifestant de la même façon, et produisant invariablement le même résultat. Qui fait l'histoire de l'un des premiers peuples de l'Asie ou de l'A-
frique, fait l'histoire de tous les autres. Ils passent par
les mêmes vicissitudes; ils périssent par les mêmes
causes.

Ce sont d'abord des chasseurs ou des bergers, pauvres et belliqueux, en guerre permanente avec leurs
voisins. Peu à peu la conquête les enrichit, l'égalité
disparaît, la sobriété et la simplicité font place à l'intem-
pérance et au luxe. Le roi, autrefois le plus fort ou le
plus courageux, devient le plus riche. Il se laisse amollir
par la corruption générale, et son peuple le suit sur
cette pente rapide et fatale. Ses besoins et ses désirs
augmentent à mesure qu'il les satisfait. Les parts léo-
nines du butin ne lui suffisent plus pour soutenir l'éclat
du trône, pour satisfaire ses maîtresses, pour enrichir
ses courtisans. Il a recours au peuple et crée les impôts (1). Mais comme aucune force extérieure, en l'ab-

(1) « .... Vers la fin du septième siècle avant notre ère, l'Inde sep-

sence de toutes lois et de toute morale, ne vient contre-
balancer ou atténuer l'effet de ses passions, les impôts
deviennent des exactions; la prodigalité du prince ruine
en même temps l'Etat et les citoyens. Bientôt, si la
force, c'est-à-dire l'assassinat ou la révolte, ne vient
mettre un terme momentané à cet effroyable dévergon-
dage qui cesse un jour pour recommencer le lendemain, l'Etat, complétement subjugué, devient la *propriété
privée* du prince, qui en dispose comme de sa chose,
d'une manière absolue (1). Vienne ensuite une peuplade
barbare, et vous verrez ces nations corrompues céder
lâchement au torrent qui les brise, et qui engloutit avec
elles une civilisation de plusieurs siècles.

Cet enchaînement est fatal : la trop grande inégalité
de fortune engendre le luxe, le luxe enfante la corruption, la corruption fait la ruine des nations (2).

tentrionale, soumise au régime des castes, était divisée en un grand
nombre de monarchies, qui vivaient dans un état de guerre les unes avec
les autres. Le pouvoir des rois était illimité, leur despotisme violent et
arbitraire ; et lorsque, par exemple, il s'agissait de recueillir les impôts,
les ministres préconisaient et appliquaient cette maxime toute orientale :
*Le peuple est comme la graine de sésame qui ne donne son huile que
quand on la presse, qu'on l'écrasse ou qu'on la grille.* »
(EUG. BOURNEUF. *Considér. sur l'orig. du Boudhisme.*)

(1) «Alexandre II, par son testament, avait légué l'Egypte à la République Romaine. L'affaire fut mise en délibération par le sénat; on n'y
examina même pas la question du droit des gens, si un monarque a
droit de léguer ses peuples, comme un parvenu ce qu'il a amassé par
ses rapines. » (*Histoire des Hommes*, 1re partie.) Nous avons plusieurs
exemples de legs de ce genre : Apion légua à la République la Libye et le
royame de Cyrène, et Nicomède la Bithynie, qui devinrent, en vertu
de ces dispositions, des provinces romaines.

(2) Voici ce que Platon dit des Atlantes, qui auraient été, selon quelques auteurs, les premiers habitants de la terre : « Ils furent, pendant
un grand nombre de générations, justes, puissants et heureux... à la fin
le luxe amena la dépravation des mœurs et le despotisme... ils furent
foudroyés par Jupiter !... » Je n'ai pas la prétention de faire ici le procès

Le peuple égyptien, qui a laissé des traces impérissables de son passage dans le monde, nous offre le spectacle d'une nation descendue au dernier degré de l'abjection, opprimée tour à tour par ses prêtres, ses rois et ses riches seigneurs. Le trône appartenait au plus hardi, au plus cruel ou au plus fourbe. Telle fut la monarchie des Pharaons, longue série de violences, de débauches et de brigandages pour les chefs de l'état, source inépuisable de souffrances pour les peuples. L'histoire nous montre aussi l'empire de Perse livré aux dilapidations et au despotisme de ses rois, de ses satrapes et de ses mages, épuisé par l'immense inégalité des fortunes, et n'ayant à opposer aux soldats d'Alexandre que des armées démoralisées par le despotisme. Ces peuples étaient privés de cet irrésistible mobile qui soulève les nations comme un seul homme pour courir à la défense de la patrie. Il n'y avait aucune solidarité entre le peuple et l'état, représenté par les rois et les riches, et il importait fort peu à des esclaves de sacrifier leur vie pour changer de maître. « Les fondateurs des anciennes républiques, a dit Montesquieu, avaient également partagé les terres : cela seul faisait un peuple puissant, c'est-à-dire une société bien réglée; cela faisait aussi une bonne armée, chacun ayant un égal intérêt, et très-grand, à défendre sa patrie. » C'est ce que ne firent ni les Égyptiens, ni les Perses, ni les Assyriens. Nous retrouvons cependant dans un fragment des lois assyriennes, le seul, peut-être, qui ait échappé à l'oubli, un document remarquable, attestant que le

au luxe *moral*, c'est-à-dire au développement progressif des art    le l'industrie, mais bien à l'inégalité exagérée des fortunes, qui est, au jugement de l'histoire, une cause certaine, infaillible, de la ruine des Etats.

mal avait été aperçu par les législateurs de ce grand empire, et qu'ils essayèrent de combattre l'influence funeste de la trop grande inégalité des conditions. C'est une loi sur les mariages; elle avait pour but d'éviter l'agglomération des grandes fortunes. Le législateur avait ordonné qu'aucun père ne pourrait disposer de sa fille sans l'aveu du gouvernement (1); ainsi c'était l'état qui disposait des mariages. Mais une institution isolée est toujours impuissante, et souvent elle devient une affreuse cause du mal. Sous le despotisme assyrien, cette loi servit presque uniquement à entretenir le sérail du monarque. Aussi le luxe, résultat nécessaire de l'inégalité des fortunes, perdit-il cet immense et splendide empire d'Assyrie. Ninive fut livrée par la corruption du règne de Sardanapale; Babylone fut surprise pendant une nuit de fêtes et de débauches (2).

# V

**Zoroastre ; les philosophes de la Chine.**

L'histoire des premiers peuples nous montre le règne de l'inégalité, de l'injustice, s'appuyant sur la force, et amenant fatalement la décadence et la ruine des plus puissants empires. Cependant la parole de vérité n'avait

(1) Strabon, lib. XVI, et Hérodote, lib. I.
(2) « Si nous tournons nos regards sur les Assyriens, les Babyloniens, les Mèdes, les Lydiens, nous ne verrons partout que le despotisme le plus absolu, que la folie des conquêtes, l'avidité et l'abus des richesses. » (Chastelux, *de la félicité pub.*

point été bannie de ce monde, car nous retrouvons dans les travaux de ces philosophes antiques que le respect des peuples avait déifiés, et dont l'existence se perd dans la nuit des temps, des sentences admirables émanées de la plus pure sagesse. La plupart de ces précieux monuments ont été tout récemment dérobés à l'oubli par les soins de quelques savants modernes.

Le premier de ces philosophes est Zoroastre, qui vivait, selon Diogène Laerte, cinq mille ans avant la guerre de Troie. Il fut le fondateur de la religion des Mages que pratiquaient les Egyptiens. Sa doctrine, développée dans des livres conservés de temps immémorial par certaines peuplades de l'Asie, et découverts récemment à Surate, par M. Anquetil-Duperron, a vivement impressionné les philosophes de notre temps. « Le fond du Mazdéisme, dit M. Jean Reynaud, est la lutte contre le mal (*Ormudz*, génie du bien ; *Arhiman*, génie du mal). De là le caractère moral et essentiellement pratique de sa théologie. Cette théologie est aussi très-simple ; elle procède de la définition catégorique du bien et du mal, et déterminant sur ces principes les lois de l'union des créatures entre elles et avec Dieu, en vue de la résistance au mal et de la persévérance dans le bien, elle se conclut par la prophétie de la réconciliation finale de tous les êtres dans une adoration commune. Prise dans ses termes généraux, son rapport avec la théologie chrétienne est évident. Il en résulte qu'on peut la regarder comme en étant l'ébauche. Plus généralement, elle représente la religion dans un des premiers états de son développement.»

Selon la religion mazdéenne, c'est par la production de *la souffrance de pauvreté*, qu'Arhiman, le génie du mal, a débuté dans ses méfaits ; c'est à ce mal qu'il faut porter remède, non pas pour soi seulement, mais pour tout le monde; aussi n'y a-t-il rien de plus instamment recommandé dans les Naçkas que le travail agricole. « Lorsque Ormudz (génie du bien) fait marcher sur la terre le laboureur, source de bien, chef pur, Arhiman donne tout en abondance. Lorsque Ormudz ne donne pas le laboureur, les Dews (démons) sans nombre se multiplient. »

Nous ne pouvons résister au désir de citer ici un fragment de l'enseignement agricole contenu dans les Naçkas. C'est un morceau de poésie primitive, plein d'une touchante simplicité, et qui atteste la haute antiquité de ce livre.

« Juste juge du monde, toi qui es la pureté même, quelle est la terre la plus excellente, celle qui marque à l'homme sa satisfaction en le favorisant de ses dons? Ormudz répondit : C'est celle que l'on unit bien, ô Sapetman Zoroastre! et dans laquelle on plante des grains, des herbes, des arbres, et surtout des arbres fruitiers; celle à laquelle on donne de l'eau quand elle n'en a pas ou que l'on dessèche quand elle en a trop. Il ne faut pas attendre trop longtemps à rendre cette terre fertile. On doit la labourer avec soin, y planter la semence pure. Tout y avancera bien; elle portera à la fin son fruit; elle sera en bon état.

» Si l'on a soin, ô Sapetman Zoroastre! de remuer cette terre de gauche à droite, de droite à gauche, elle portera l'abondance de toutes choses.

» Comme un homme serre tendrement son ami lorsqu'il le voit, et que les enfants sont le fruit des embrassements qui se font sur le lit revêtu d'un tapis, cette terre portera de même toute sorte de fruits; cette terre, ô

Sapetman Zoroastre, que l'on aura eu soin de remuer de droite à gauche, de gauche à droite.

» La terre dira à cet homme qui aura eu soin de la remuer de gauche à droite, et de droite à gauche : Que tes villages soient nombreux et abondants ! Que tes champs portent avec profusion tout ce qui est bon à manger, des fruits et des grains !

« Si l'on n'a pas eu soin de remuer la terre de gauche à droite, de droite à gauche, cette terre dira à l'homme qui n'aura pas eu soin de la remuer de gauche à droite, de droite à gauche : Que le Daroudj Nesosch te tourmente, et que, pour fruits, tes champs ne te présentent que des frayeurs de cent espèces ! »

Ce livre, comme celui de Moïse, est une sorte de relation des entretiens du législateur avec Dieu. Le fond de cette théologie est la lutte incessante de l'humanité contre le mal, et, en définitive, la réhabilitation de l'espèce humaine par le travail physique, c'est-à-dire par la destruction de la pauvreté; par le travail moral, c'est-à-dire par le, perfectionnement progressif de la créature humaine.

« *Le premier méfait d'Arhiman*, dit Zoroastre, *est la production de la souffrance de pauvreté*. C'est le travail qui enrichira la créature, c'est le travail qui détruira *la souffrance de pauvreté*, c'est le travail qui réalisera le bien souverain; car si l'on n'a pas eu soin de remuer la terre de gauche à droite et de droite à gauche, cette terre, c'est-à-dire Dieu, dira à l'homme : « Que l'esprit du ma te tourmente, et que, pour fruits, tes champs ne te présentent que des frayeurs de cent espèces ! »

Le Mazdéisme était la religion des peuples habitant l'ouest de l'Indus. Ceux de l'est pratiquaient une religion qui paraît avoir la même origine, c'est le Brahmanisme, dont on retrouve de précieux monuments chez les Chinois. Si nous cherchons à suivre les progrès de l'esprit humain dans les œuvres des théologiens et des philosophes de ce pays, à une époque beaucoup moins éloignée de nous, nous pourrons constater le travail qui a dû s'opérer chez ces peuples depuis l'infusion de la doctrine de Zoroastre.

La question du droit à l'existence et le problème de l'inégalité des fortunes s'y trouvent formulés plus nettement que partout ailleurs. En examinant rapidement les principes de la philosophie chinoise, nous verrons que ces questions ne datent pas de notre siècle, et qu'à toutes les époques, il s'est trouvé dans ce monde des cœurs généreux pour poser le problème, et de courageux logiciens pour le résoudre. Dans ces temps de naïveté primitive, la reconnaissance des pauvres et des faibles de ces apôtres faisait des dieux... Aujourd'hui, on les lapiderait peut-être?... Mais qu'importe? Celui qui cherche dans sa conscience la seule récompense de son dévouement est au-dessus de l'injustice des méchants, et peut pardonner à l'ignorance de ceux qui le méconnaissent.

La première trace que nous trouvons de ces grandes idées de la philosophie chinoise est consignée dans un tableau figuratif de la *sublime doctrine* de KIT-SEU, tracé 1122 ans avant notre ère. Il y est dit que les huit principales règles du gouvernement sont : la première, d'assurer la nourriture ou *le nécessaire à tous.* Les autres ont rapport à la dispensation de la richesse publique ; aux sacrifices et aux cérémonies ; à la conservation des monuments publics ; à l'instruction publique ; à l'administration de la justice ; à la manière de *bien recevoir* les étrangers ; enfin, à la composition de la force armée.

Cinq siècles plus tard nous voyons reparaître deux grands noms philosophiques, deux chefs d'école : LAOT-SEU et KHOUNG-SEU, qui se sont partagé, avec un troisième philosophe (FO ou BOUDHA), toutes les intelligences de la Chine.

Pour LAOT-SEU le monde extérieur, le monde sensible est la cause de toutes les imperfections, de toutes les misères ; l'homme est un mode inférieur et passager du grand Être, qui est l'origine et la fin de tous les êtres. L'homme étant par conséquent matière et esprit, celui qui aspire à la perfection doit suivre exclusivement la tendance spirituelle et faire une grande abnégation de soi-même ; c'est là le fond de la doctrine de LAOT-SEU. « La RAISON du ciel, dit-il (chap. 77), est comme le fabricant d'arcs ; elle abaisse ce qui est élevé, et elle élève ce qui est abaissé (1) ; elle ôte le superflu à ceux qui ont de trop, et elle vient en aide à ceux qui manquent du nécessaire.

» La RAISON de l'homme n'agit pas ainsi ; elle ôte à ceux qui manquent du nécessaire pour donner à ceux qui ont le superflu.

» Quel est celui qui est capable de donner son superflu à ceux qui éprouvent des besoins dans le monde ? Celui-là seul qui possède en soi le TAO ou la RAISON suprême. »

KHOUNG-SEU n'est pas moins explicite que LAOT-SEU sur ces grandes questions de l'humanité. Saintes intelligences qui proclamaient, il y a trois mille ans, les mêmes principes que nous défendons aujourd'hui : le *droit à l'existence*, c'est-à-dire le *nécessaire à tous* de KIT-SEU ; le dogme de l'*égalité des conditions* dans les li···es

---

(1) Deposuit potentes de sede et exaltavit humiles : « Il a arraché les puissants de leurs trônes, et il a élevé les faibles. » (*Cantique de la Vierge*, Luc, I.)

du possible, c'est-à-dire le *superflu de ceux qui ont trop venant en aide à ceux qui manquent du nécessaire.*

Les ouvrages de KHOUNG-SEU, qui forment les SEE-THOU ou *quatre livres classiques de la Chine*, constituent, depuis vingt siècles, le code moral et politique de la nation chinoise, dont la population dépasse aujourd'hui 360 millions d'habitants. Apôtre infatigable de la justice et de la raison, KHOUNG-SEU a mérité ces paroles d'un empereur, gravées sur le frontispice de tous les temples de la Chine, *qu'il est le plus grand, le plus saint et le plus vertueux des instituteurs du genre humain qui ont paru sur la terre.*

Le philosophe chinois disait de sa doctrine, « qu'elle était simple et facile à pénétrer (Lûn-jà, chap. 5). » Sur quoi, l'un de ses disciples ajoutait : « La doctrine de notre maître consiste à avoir une invariable droiture de cœur, et *à agir envers les autres comme nous voudrions qu'ils agissent envers nous-mêmes* (K. 11). » Parole sublime, que devait répéter cinq cents ans plus tard le peuple des pauvres et des souffrants crucifié dans la personne de Jésus !

Selon le même philosophe, le *gouvernement est ce qui est juste et droit.* (Lûn-yù, chap. 11.) « C'est la réalisation des lois éternelles qui doivent *faire le bonheur de l'humanité,* et que les plus hautes intelligences, par une application constante de tous les instants de leur vie, sont seules capables de connaître et d'enseigner aux hommes. »

Un savant qui a contribué puissamment à mettre à la lumière ces trésors de la philosophie la plus pure, M. Pautier, parle ainsi de ces philosophes qu'il a pu mieux apprécier que tout autre: « Nulle part peut-être les droits et les devoirs respectifs des rois et des peuples, des gouvernants et des gouvernés, n'ont été enseignés d'une manière aussi élevée, aussi digne, aussi conforme à la raison, que dans les écrits des philosophes chinois. C'est bien là qu'est constamment mise en pratique cette grande maxime proclamée par la démocratie moderne: *Vox populi, vox Dei!* La voix du peuple est la voix de Dieu ! » (*Hist. de la Philosophie chinoise.*)

Oui, c'est bien la voix de Dieu qui parle par sa bouche, lorsque Buddha proclame ainsi le principe de l'égalité humaine : « C'est, ô Kâçyapa (1) ! comme quand un potier fait des pots divers avec la même argile. De ces pots, les uns deviennent des vases à contenir de la mélasse, d'autres des vases pour le beurre clarifié, d'autres des vases pour le lait et pour le caillé, d'autres des vases inférieurs et impurs. La variété n'appartient pas à l'argile ; c'est uniquement de la diversité des matières qu'on y dépose que provient la diversité des vases ! (2) »

Nous terminerons cet examen rapide de la philosophie chinoise par un dernier extrait du même livre de Buddha. C'est toujours, sous la forme d'une parabole empreinte d'un sentiment de poésie naïve, la question du *nécessaire à tous*, c'est-à-dire de la rédemption des *êtres consumés dans la peine :*

« C'est, ô Kâçyapa ! comme si un nuage, s'élevant au-dessus de l'univers, le couvrait dans sa totalité, en cachant toute la terre.

» Rempli d'eau, entouré d'une guirlande d'éclairs, ce grand nuage, qui retentit du bruit de la foudre, répand la joie chez toutes les créatures.

(1) Nom d'un des premiers disciples de Buddha.

(2) Fragments extraits d'un des livres religieux des Buddhistes népalais, intitulé *le Lotus blanc de la bonne loi*, et traduits par M. Burnouf.

» Arrêtant les rayons du soleil, rafraîchissant la sphère du monde, descendant assez près de terre pour qu'on le touche de la main, il laisse tomber ses eaux de toutes parts.

» C'est ainsi que, répandant d'une manière uniforme une masse immense d'eau, et resplendissant des éclairs qui s'échappent de ses flancs, il réjouit la terre ;

» Et les plantes médicinales qui ont poussé à la surface de cette terre, les herbes, les buissons, les rois des forêts, les arbres et les grands arbres ;

» Les diverses semences et tout ce qui forme la verdure ; tous les végétaux qui se trouvent dans les montagnes, dans les cavernes et dans les bosquets :

» Les herbes, en un mot, les buissons et les arbres, le nuage les remplit de joie, il répand la joie sur la terre altérée, et il humecte les herbes médicinales.

» Or, cette eau tout homogène qu'a répandue le nuage ; les herbes et les buissons la pompent chacun selon sa force et selon son objet.

» Et les diverses espèces d'arbres, ainsi que les grands arbres, les petits et les moyens, tous boivent cette eau, chacun selon son âge et sa force ; ils la boivent ; et croissent chacun selon le besoin qu'il en a (1).

» Pompant l'eau du nuage par leur tronc, par leur tige, par leur écorce, par leurs branches, par leurs rameaux, par leurs feuilles, les grandes plantes médicinales poussent des fleurs et des fruits. »

« Chacun suivant sa force, suivant sa destination, et conformément à la nature du germe d'où elle sort, pro-

(1) N'a-t-on pas dit, de nos jours : « Chacun produit selon ses forces, chacun consomme selon ses besoins ? » Idéal de justice dont notre âge est encore bien loin ! C'est cependant le sens profond de cette parabole.

duit un fruit distinct ; et cependant c'est une eau homogène que celle qui est tombée du nuage.

» De même, ô Kàçyapa! le Buddha vient au monde, semblable au nuage que couvre l'univers ; et, à peine le chef du monde est-il né, qu'il parle, et qu'il enseigne aux créatures la véritable science.

» Et c'est ainsi que parle le grand sage, honoré dans le monde, réuni aux dieux : Je suis le Tathâgata, le vainqueur, le meilleur des hommes ; j'ai paru dans le monde semblable au nuage.

» *Je comblerai de joie tous les êtres dont les membres sont desséchés,* qui sont attachés à la triple condition de l'existence ; *j'établirai dans le bonheur des êtres consumés dans la peine,* et je leur donnerai les plaisirs et l'anéantissement. »

Ainsi nous retrouvons dans les antiques législateurs du premier âge de l'humanité la consécration très-explicite et formelle du dogme de l'égalité et de la fraternité.

« Remue la terre, dit Zoroastre, et Ormudz bénira le fruit de tes travaux, et la souffrance de pauvreté sera bannie de ce monde.

» La Raison du ciel, dit LAOT-SEU, abaisse ce qui est élevé, élève ce qui est abaissé ; elle ôte le superflu à ceux qui ont de trop, et elle vient en aide à ceux qui manquent du nécessaire. »

« Vous êtes tous de la même argile, dit BUDDHA : la pluie fécondante qui vient du ciel arrose généreusement les diverses semences de la terre, tout ce qui forme la verdure, et tous boivent cette eau *selon son âge ou sa force,* ils la boivent, et *croissent chacun sel e besoin qu'il en a.* »

Puis enfin vient un philosophe qui, 500 ans avant

Jésus, dit au monde cette parole d'amour : « Agissons envers les autres comme nous voudrions qu'ils agissent envers nous-mêmes. »

Tous les principes qui doivent régénérer un jour l'humanité, et bannir de ce monde le règne de l'injustice et du mal, sont en germe dans ces premiers apôtres de la loi de Dieu. L'histoire ne fait que les développer.

# VI

## Moïse.

Voici maintenant un pauvre peuple réduit à l'esclavage depuis plus de quatre siècles, vivant d'une existence misérable, au milieu de la splendeur égyptienne. Séparé de la caste qui l'opprime par une barrière infranchissable, condamné à l'ignominie et à l'abrutissement par la politique de ses maîtres, c'est lui que Dieu a choisi pour recevoir sa Loi, et la transmettre aux générations futures. Un de ses malheureux enfants, abandonné sur les eaux du Nil, est recueilli par la fantaisie d'une princesse égyptienne. On lui permet de porter à ses lèvres cette coupe de la science qui est si sévèrement interdite à ses frères. Il étudie la religion de Zoroastre avec les prêtres de Memphis, et après avoir mûri son intelligence et fortifié son cœur pendant un long exil chez les Madianites, fidèle à l'amour de sa race, il entreprend l'œuvre sainte de la délivrance de ses frères.

A la voix de Moïse, le peuple hébreu brise ses chaînes et se retire dans le désert. C'est au milieu de cette vaste et imposante solitude que Moïse arrête son peuple pour lui dicter ces lois immortelles, fruits de ses profondes études et de ses longues méditations. Ainsi que Zoroastre, Moïse reçoit directement ses communications de Dieu, qui lui parle sur le mont Sinaï. Moïse s'adressait à des hommes grossiers, ignorants, corrompus par une longue captivité, qui n'eussent point accueilli ses lois dépouillées du prestige de l'intervention divine. « Tout le peuple apercevait les tonnerres, les éclairs, le son du cor, et la montagne fumante ; et le peuple, voyant cela, tremblait, et se tenait loin.» (Exode, ch. xx.) Le législateur, cherchant aussi une sanction à ses lois dans les souvenirs douloureux de la captivité, répétait sans cesse : « Si tu n'obéis point à la voix de l'Eternel, ton Dieu, l'Eternel te fera retourner en Egypte..... qu'il te souvienne que tu as été esclave au pays d'Egypte..... »

Sous la forme de lois précises et avec un développement pratique, nous retrouvons dans le *Pentateuque* de Moïse ces principes immortels qui semblent être nés avec les premiers hommes, et qui ont survécu à tous les peuples de la terre :

« 10 Et quand vous ferez la moisson de votre terre, *tu n'achèveras point de moissonner* le bout de ton champ, et tu ne glaneras point ce qui restera à cueillir de ta moisson.

» 11. Et tu ne grappilleras point ta vigne, ni ne recueilleras point les grains tombés de ta vigne ; *mai les laisseras au pauvre et à l'étranger.*

» 12. Vous ne déroberez point, ni ne dénierez point *la chose à qui elle appartient.* » (*Lévitique*, ch. xix.)

« La raison du ciel ôte le superflu à ceux qui ont trop, et elle vient en aide à ceux qui n'ont pas le nécessaire, » disait le philosophe chinois : « *Tu ne dénieras point la chose à qui elle appartient*, s'écrie Moïse ; tu laisseras au pauvre et à l'étranger le bout de ton champ, les grains tombés de ta vigne. »

Il ne s'agit point ici d'un acte de charité facultative ; selon la Bible, c'est une loi de Dieu, que le peuple hébreu doit exécuter sous peine de malédiction. Elle établit nécessairement un droit corrélatif au devoir imposé par la Loi, et ce droit est formulé dans le verset qui suit immédiatement : « Tu ne dénieras point la chose à qui elle appartient. » Le pauvre a droit, « *au bout du champ ensemencé, au grappillage de la vigne*, c'est-à-dire, qu'il a droit au *nécessaire*, qu'il a droit à l'*existence* ; car le législateur n'ajoute-t-il pas, chapitre xxv : « Quand ton frère sera devenu pauvre, et qu'il tendra vers toi ses mains tremblantes, tu le soutiendras ; tu soutiendras aussi l'étranger et le forain, afin qu'il vive avec toi. »

Le législateur de la Bible ne se contente point de proclamer le lien de solidarité qui unit les hommes entre eux (1) ; son esprit prévoyant se préoccupe de l'avenir

(1) Ce principe de la solidarité humaine se trouve développé dans les passages suivants :

« Quand un de tes frères sera pauvre au milieu de toi, en quelque lieu de ta demeure, dans le pays que l'Eternel, ton Dieu, te donne, tu n'endurciras point ton cœur, et tu ne resserreras point ta main à ton frère qui sera pauvre.

» Mais tu ne manqueras pas de lui ouvrir ta main, ni de lui prêter sur gages autant qu'il en aura besoin pour son indigence. » (*Deutéronome*, ch. xv.)

« Tu ne prendras point de lui d'usure ni d'intérêt, mais tu craindras ton Dieu, et ton frère vivra avec toi. » (*Lévitique*, ch. xxv.)

« Si tu vois l'âne de ton frère, ou son bœuf tombés dans le chemin, de ces hommes qu'il vient de tirer du néant pour en faire une nation destinée à porter à travers les âges le germe fécond du vrai dogme de l'humanité. Il faut que cette nation, puissamment organisée sur les bases de la justice éternelle, reste forte et inébranlable au milieu des périls qui l'environnent, pour conserver aux générations de l'avenir la parole de vérité. Observateur profond, Moïse a appris de ses maîtres dans la science de la vie à découvrir les causes de la décadence et de la ruine des plus grands empires. Il veut éloigner de son peuple les mêmes dangers, le sauver des mêmes malheurs. Il a brisé l'idole du *veau d'or* et dépouillé tous les Hébreux de leurs futiles ornements; mais cela ne suffit pas pour faire pénétrer au milieu d'eux ce principe qui doit bannir de la nation la trop grande inégalité des fortunes, le luxe et la corruption qui en sont la conséquence fatale. Il fit la loi du *jubilé*.

« Vous sanctifierez l'an cinquantième, dit-il, et publierez la liberté dans le pays à tous ses habitants; ce vous sera l'année du jubilé, et *vous retournerez chacun en sa possession*, chacun en sa famille. »

Alors le législateur, justifiant cette prescription sur un axiome de haute philosophie, continue en ces termes; c'est Dieu qui parle :

« La terre ne sera point vendue *absolument*, CAR LA TERRE EST A MOI, et vous êtes étrangers et forains chez moi.

» C'est pourquoi, dans tout le pays de votre possession, vous donnerez le droit de rachat *pour la terre.*

» Si ton frère est devenu pauvre, et vend quel

tu ne te cacheras point, et tu ne manqueras point de les relever conjointement avec lui. » (*Deutér.*, ch. XXII.)

chose de ce qu'il possède, celui qui a le droit de rachat, savoir son plus proche parent, viendra et rachètera la chose vendue par son frère.

» Que si cet homme n'a personne qui ait le droit de rachat, et qu'il ait trouvé de soi-même suffisamment de quoi faire le rachat de ce qu'il a vendu, il comptera les années du temps qu'il a fait la vente, et il restituera le surplus à l'homme auquel il l'avait faite, et ainsi il retournera en sa possession.

» Mais, s'il *n'a pas trouvé suffisamment de quoi lui rendre*, la chose qu'il aura vendue sera en la main de celui qui l'aura achetée jusqu'à l'année du jubilé; *puis l'acheteur en sortira au jubilé, et le vendeur retournera dans sa possession,* » ( *Lévitique*, ch. XXV. )

Ainsi donc, chaque période de cinquante années, toutes les terres aliénées revenaient de droit, avec ou sans indemnité, à leurs premiers maîtres, et comme les terres devaient nécessairement constituer toute la fortune de ces populations agricoles, l'agglomération des richesses entre les mains d'une famille ou d'une caste devenait impossible; par conséquent le luxe et la misère, c'est-à-dire la corruption sous toutes ses formes, étaient bannis de la nation. Et remarquons que le législateur est très-explicite quand il dit que *les terres* reviendront à leurs premiers possesseurs; il entend parler de *l'instrument de production*, de *l'instrument de travail*, car il a soin de faire une exception formelle pour les maisons contenues dans l'enceinte des villes fermées de murailles. La maison des champs, c'est-à-dire la maison d'exploitation, est seule considérée comme fonds de terre (1), et rendue au jubilé.

(1) Voici le texte :

« Et si quelqu'un a vendu une maison à habiter dans quelques villes

Au reste, le sentiment du législateur reparaît encore dans le cinquième livre du *Pentateuque*, où il prévoit le développement exagéré de la richesse et du luxe. Moïse s'adresse directement au peuple en ces termes :

« Prends garde à toi, de peur que tu n'oublies l'Éternel, ton Dieu, en ne gardant point ses commandements, ses droits et ses statuts, que je te commande aujourd'hui ;

» Et de peur que mangeant, et *étant rassasié*, et bâtissant de *belles maisons, et y demeurant;*

» Et ton gros et menu bétail *étant accru, et ton argent et ton or étant multipliés*, et tout ce que tu auras *étant augmenté;*

» Alors ton cœur ne s'élève, et que tu n'oublies l'Eternel, ton Dieu, qui t'a retiré du pays d'Egypte, de la maison de servitude...

» Et que tu ne dises pas en ton cœur : Ma puissance et la force de ma main m'ont acquis ces facultés. »

« Mais il te souviendra, ajoute le législateur, que c'est l'Eternel, ton Dieu, qui te donne de la force pour acquérir des biens. » Puis, inspiré par l'histoire des peuples victimes du luxe et de la corruption, et sous l'empire des réflexions que lui a suggérées la cour somptueuse des Pharaons, il s'écrie :

« Mais s'il arrive que tu oublies l'Eternel, ton Dieu,

fermées de murailles, il aura le droit de rachat jusqu'à la fin de l'année de sa vente ; son droit de rachat sera d'une année.

» Mais si elle n'est pas rachetée dans l'année accomplie, la maison qui est dans la ville fermée de murailles demeurera à l'acheteur absolument et en ses âges ; *il n'en sortira point au jubilé.*

» Mais les maisons des villages qui ne sont point entourés de murailles, *seront réputées comme un fonds de terre;* le vendeur aura droit de rachat; et l'acheteur sortira au jubilé. » (*Lévitique*, ch. xxv.)

vous périrez *comme les nations* que l'Eternel fait périr
devant vous, parce que vous n'aurez point obéi à sa
voix ! »

# VII

## Législateurs de la Grèce, Lycurgue, Solon, etc.

Si de Moïse, élevé par les prêtres de l'Egypte, nous
passons à l'histoire des législateurs de la Grèce, nous
ne nous écartons point de l'enchaînement logique des
idées. Nous nous retrouvons encore dans le courant
philosophique qui s'est divisé aux rives de l'Indus pour
aller s'enfermer, d'un côté, dans les limites de la Chine
et de l'Asie méridionale, et pour se répandre, de l'autre
côté, dans le reste du monde, par le mosaïsme et la philosophie païenne.

Les philosophes et les législateurs de la Grèce, par
le moyen des colonies ioniennes, sont donc allés chercher la science de la vie auprès des disciples de Zoroastre et des apôtres du Mazdéisme. Législateurs et philosophes ont soulevé les mêmes problèmes sociaux, ont
consacré, dans une mesure différente, les mêmes droits,
les mêmes devoirs.

Deux de ces législateurs ont dû à la puissance de leurs
conceptions, à la célébrité de leur patrie, de s'élever
au-dessus des autres. Sparte et Athènes dominent l'his-

toire de la Grèce antique, comme Lycurgue et Solon dominent la foule des législateurs de ce pays.

« Parmi toutes les républiques dont la Grèce était composée, dit Bossuet, Athènes et Lacédémone étaient, sans comparaison, les principales. On ne peut avoir plus d'esprit qu'on en avait à Athènes, ni plus de force qu'on n'en avait à Lacédémone. » Le caractère des Lacédémoniens permettait l'application radicale, inflexible d'un principe absolu ; celui des Athéniens, au contraire, exigeait l'emploi des transitions, des demi-mesures. C'est ce que comprirent, à deux époques différentes, les législateurs de Sparte et d'Athènes.

Lycurgue, rapportant d'un voyage de dix années en Crète et en Egypte cette double certitude que tout citoyen a droit à l'existence, et que l'inégalité des fortunes est la cause principale de la chute des empires, appliqua radicalement les conséquences de son principe au peuple Lacédémonien. « Le plus hardi des établissements de Lycurgue, dit Plutarque, fut le partage des terres. Il existait à cet égard, entre les citoyens, une si prodigieuse inégalité, que la plupart, privés de toute possession et réduits à la misère, étaient à charge à la ville, tandis que toutes les richesses se trouvaient dans les mains du plus petit nombre. Lycurgue, qui voulait bannir de Sparte l'insolence, l'envie, l'avarice, le luxe et *les deux plus grandes comme les deux plus anciennes maladies des gouvernements*, la RICHESSE *et la* PAUVRETÉ, persuada aux Spartiates de mettre en commun toutes les terres, d'en faire un nouveau partage, de vivre désormais dans une égalité parfaite ; enfin, de donner toutes les distinctions au mérite seul, et de ne reconnaître d'autre différence que celle qui résulte naturellement du mépris pour le vice et de l'estime pour la vertu.....

» Pour faire disparaître toute espèce d'inégalité, il entreprit aussi de partager les biens mobiliers. Mais, prévoyant qu'on s'y prêterait avec peine s'il les ôtait ouvertement, il prit une autre voie, et attaqua indirectement l'avarice. Il commença par supprimer toute monnaie d'or et d'argent, ne permit que la monnaie de fer, et donna à des pièces d'un grand poids une valeur si modique, que pour placer une somme de dix mines (900 fr.) il fallait une chambre entière et un chariot attelé de deux bœufs pour la traîner. Cette nouvelle monnaie une fois mise en circulation, bannit de Sparte toutes les injustices.....

» Lycurgue, dans le dessein de *poursuivre encore davantage le luxe et de déraciner encore entièrement l'amour des richesses*, fit une troisième institution qu'on peut regarder comme une des plus admirables : c'est celle des repas publics. Il obligea les citoyens de manger tous ensemble et de se nourrir des mêmes viandes, réglées par la loi. Il leur défendit de prendre chez eux leurs repas sur des lits somptueux et sur des tables magnifiques, de se faire servir par des cuisiniers et des officiers habiles, pour s'engraisser dans les ténèbres comme des animaux gloutons... (1). »

Les lois de Lycurgue furent religieusement observées à Sparte pendant près de cinq cents ans, et, durant cette longue période, cette nation conserva sa supériorité et sa puissance. Mais ce qui avait été possible à Sparte ne l'eût sans doute pas été ailleurs. La Laconie était un pays fertile, produisant par le simple travail des Ilotes trois fois plus que les citoyens de Sparte ne pouvaient consommer. Ceux-ci étaient spécialement et

(1) Plutarque, *Vies des hommes illustres :* — Lycurgue.

exclusivement destinés à la guerre, et le travail leur était interdit. Livrés à une discipline sévère, habitués à tous les exercices du corps, ils étaient devenus d'indomptables soldats. Mais les arts, les sciences, l'industrie, étaient bannis de la cité. Il en était tout autrement à Athènes.

Cette ville, située dans une contrée presque aride, n'offrait pas les ressources de Lacédémone. Ses habitants, obligés de répandre leur activité au dehors pour se créer par l'industrie, par les arts, par le commerce, des moyens d'exister, n'auraient pu adopter le système d'isolement des Spartiates. L'esprit d'indépendance qu'ils avaient acquis dans leurs relations lointaines et par le développement de leur intelligence, interdisait, du reste, l'application d'une règle sévère, absolue, comme celle de Lycurgue. Cependant Athènes, comme Lacédémone, était mise en péril par l'inégalité des fortunes lorsque Solon fut appelé à lui donner des lois.

» Les pauvres, dit un célèbre historien classique du siècle dernier, qui essuyaient les plus cruelles vexations de la part des riches à cause des dettes qu'ils étaient hors d'état d'acquitter, songeaient à se choisir un chef qui les délivrât de l'inhumaine dureté de leurs créanciers, et qui changeât entièrement la forme du gouvernement en faisant un nouveau partage des terres...

» Le grand principe de Solon fut d'établir entre les citoyens, autant qu'il le pouvait, une sorte d'égalité qu'il regardait avec raison *comme le fondement et le point essentiel de la liberté...*

« N'osant toucher à de certains désordres et à de certains maux qui lui paraissaient plus forts que les remèdes, il n'entreprit que ceux qu'il crut pouvoir persuader à ses citoyens par la voie de la raison, ou leur faire accepter par le poids de l'autorité, mêlant sagement, comme il le disait lui-même, la force avec la justice. C'est pourquoi quelqu'un lui ayant demandé depuis si les lois qu'il avait données aux Athéniens étaient les meilleures : *Oui*, dit-il, *les meilleures qu'ils étaient capables de recevoir.*

» *L'âme des états populaires c'est l'égalité.* Il n'osa, de peur de révolter les riches, proposer celle des biens, par où l'Attique, ainsi que la Laconie, eût ressemblé à un héritage partagé entre plusieurs frères (1). Mais il tira de l'esclavage presque tous les citoyens que leurs dettes excessives, et les arrérages accumulés, avaient forcés à se vendre eux-mêmes, et à se réduire en servitude.

» Une loi expresse déclara quittes tous les débiteurs. » (ROLLIN, *Hist. anc.*)

L'ordonnance qui abolissait les dettes comprenait aussi l'augmentation de la valeur des monnaies. « La *mine*, nous dit Plutarque, qui n'est pas un fort économiste, ne valait que 73 *dragmes* ; elle fut portée à 100 ; de manière que ceux qui devaient des sommes considérables, en donnant une valeur égale en apparence, quoique moindre en effet, gagnaient beaucoup sans rien faire perdre à leurs créanciers, puisque la *mine* devait toujours conserver cette augmentation de valeur. »

Nous doutons que cet expédient ait pu remplir le but que se proposait son auteur ; il aurait peut-être mieux valu chercher, au contraire, à faire diminuer la valeur intrinsèque du numéraire, tout en lui laissant sa valeur nominative ; mais l'intention partait d'un bon

(1) « Lycurgue, au retour d'un long voyage, traversant les terres de la Laconie qui venaient d'être moissonnées, et voyant les tas de gerbes parfaitement égaux, il se tourna vers ceux qui l'accompagnaient et leur dit en riant : *Ne semble-t-il pas que la Laconie soit l'héritage de plusieurs frères qui viennent de faire leurs partages ?* » (Rollin, *hist. anc.*)

sentiment : Solon voulait, en délivrant le débiteur des serres de ses créanciers, abolir l'exploitation du pauvre par le riche, ou du moins en amoindrir les effets.

Cette généreuse pensée apparaît encore dans les autres lois de Solon, qui tendent toujours à ramener l'égalité dans les fortunes. Il abolit les dots des mariages par rapport aux filles qui n'étaient pas uniques, et régla que les femmes n'apporteraient à leurs maris que trois robes et quelques meubles de peu de valeur. « Il voulut, dit encore Plutarque, que le mariage ne fût point un objet de trafic et de lucre, mais une société intime entre le mari et la femme, qui n'eût pour but que d'avoir des enfants, et de goûter ensemble les douceurs d'une tendresse mutuelle. »

Une loi aristocratique maintenait les propriétés dans la famille à la mort d'un de ses membres: Solon permit à ceux qui étaient sans enfants de disposer de leurs biens comme ils voudraient.

Mais une de ses ordonnances les plus mémorables, c'est celle qui punit l'oisiveté de la peine de l'infamie, et qui dispense le fils de l'obligation de nourrir son père, s'il ne lui a pas fait apprendre un métier. Cette réhabilitation du travail allait plus loin : celui qui avait consumé en plaisirs son patrimoine était déclaré infâme, celui qui s'était déshonoré par la débauche ne pouvait ni parler dans les assemblées du peuple, ni être promu à aucune charge publique, ni entrer dans les temples. L'antiquité nous donne souvent l'exemple de ces *lois purement morales* qui sont inconnues de nos jours.

Telle est l'œuvre immortelle des deux plus grands législateurs des temps anciens.

On voit qu'ils étaient vivement impressionnés tous

les deux par cette cause permanente de tous les désordres sociaux, l'inégalité des fortunes, et qu'ils cherchaient tous les deux, dans certaines modifications du régime de la propriété privée, un remède aux maux qu'ils lui attribuaient. Chez les Lacédémoniens, le fait capital c'est le partage absolu des terres ; chez les Athéniens, c'est l'abolition des dettes, comme chez les Hébreux, c'était la restitution périodique des terres à leurs anciens possesseurs.

La Grèce a eu d'autres législateurs, peu célèbres, mais qui n'en méritent pas moins toute notre attention.

Minos, contemporain et ami de Lycurgue, législateur avant lui, avait établi dans l'île de Crète une sorte de communauté. Les citoyens, comme à Sparte et à Carthage, mangeaient en commun. Une partie des revenus de l'état était consacrée à fournir la nourriture de tous, les riches étant obligés de s'asseoir à la même table que les pauvres, et de communier avec eux. Ainsi, les vieillards, les femmes, les enfants, étaient nourris aux dépens de la fortune publique ; ainsi le problème du *nécessaire*, de *la nourriture à tous*, était en quelque sorte résolu.

Le problème de l'égalité des fortunes est aussi posé et résolu par Phaléas, législateur des Chalcédoniens. Il veut l'égalité des fortunes entre tous les citoyens : « Chose facile, disait-il, si l'on s'y prend dès la fondation d'un état, mais plus difficile quand une fois il est établi ; et néanmoins encore alors praticable, en décrétant que les *riches donneront des dots et n'en recevront pas*, et que les *pauvres en recevront et n'en donneront pas.* »

Pour la première fois nous avons à constater ici une distinction dont l'importance se fera mieux sentir, à mesure que nous avancerons dans l'histoire de l'humamanité ; car peut-être trouverons-nous dans la suite, que la solution du problème social qui nous presse aujourd'hui repose sur cette donnée de Phaléas : la séparation de la *propriété privée* d'avec la *propriété commune* ; l'une et l'autre également respectables, également utile, et remplissant avec une égale importance leur fonction distincte dans l'économie sociale.

Phaléas divise la propriété territoriale en trois parties ; l'une consacrée à la religion, l'autre aux usages publics, et la troisième destinée à constituer la propriété particulière.

Cette division nous fait pressentir la coexistence de deux hommes dans l'individu : l'homme public et l'homme privé ; de deux droits dans le droit : le droit public et le droit privé ; de deux propriétés dans la propriété : la propriété publique et la propriété privée. Et toutes les fois qu'on a voulu détruire cette dualité dans la nature humaine, on est arrivé à absorber l'homme privé dans l'homme public, le droit privé dans le droit public, la propriété privée dans la propriété publique, et on a abouti fatalement au communisme absolu. Ou bien on a fait dominer le principe contraire, et alors l'homme public, le droit public, la propriété publique ont disparu ; on est arrivé à l'isolement, à l'égoïsme, au *propriétarisme* exagéré. Ainsi, nous rencontrons un écueil de chaque côté ; c'est donc dans l'équilibre de ces deux nécessités de l'humanité que doit se trouver la solution du problème social (1).

---

(1) « Les lois ne sont fragiles que quand il y a des citoyens qui ‹ vent leur avantage à les briser, disait Solon au Scythe Anacharsis ; pour moi, je combinerai si bien *l'intérêt général avec l'intérêt individuel*, qu'Athènes trouvera son bonheur à observer mes institutions plutôt qu'à les enfreindre. »

Parmi les nombreux législateurs de la Grèce, dont on ne connaît guère que les noms, nous citerons pourtant Philolaüs, Corinthien, qui, selon Aristote, procéda au partage des terres entre les Thébains, et pourvut à ce que les patrimoines ne se confondissent point par l'accumulation dans les mêmes familles.

A l'exception de quelques fragments insignifiants, les autres n'ont point laissé de traces qui puissent faire apprécier la nature et la portée de leur travaux législatifs.

# VIII

## La République de Platon, la Politique d'Aristote.

Nous sommes naturellement amenés à nous occuper maintenant des législateurs purement théoriques dont les constitutions n'ont jamais été réalisées. Nous nous trouvons en présence de deux hommes et de deux écoles qui divisent et qui résument toute la philosophie grecque : le Platonisme et le Péripatétisme, l'*Académie* et le *Lycée*. Ils étaient tous les deux partis du même point; mais Aristote, après être demeuré pendant près de vingt ans dans la secte de Platon, se sépara de son maître. Il n'entre pas dans le plan de ce travail de développer ce trait important de l'histoire de la philosophie, ni de rechercher jusqu'à quel point les deux sectes furent ennemies l'une de l'autre, et si la méthode analytique introduite dans l'étude de la philosophie par l'esprit observateur du savant naturaliste est essentiellement hostile aux théories idéalistes de Platon. Nous nous bornerons à montrer, par quelques extraits de la République de Platon et de la Politique d'Aristote, qu'en travaillant à faire le bonheur de l'humanité, ces deux philosophes ont dû nécessairement rencontrer les mêmes questions qui ont préoccupé les législateurs de tous les âges, et dont la solution est poursuivie depuis des siècles.

Voici comment Platon aborde le problème de l'inégalité des fortunes :

« Examine si ce n'est pas là ce qui perd et ce qui corrompt les artisans. — Qu'est-ce qui les perd ? — *L'opulence* et *la pauvreté.* — Comment cela ? — Le voici. Le potier, devenu riche, s'embarrassera-t-il beaucoup de son métier ? — Non. — Il deviendra donc de jour en jour plus fainéant et plus négligent ? — Sans doute. — Et par conséquent plus mauvais potier ? — Oui. — D'un autre côté, si la pauvreté lui ôte le moyen de se fournir d'outils et de tout ce qui est nécessaire à son art, son travail en souffrira ; ses enfants et les autres ouvriers qu'il forme en seront moins habiles. — Cela est vrai. — Ainsi les richesses et la pauvreté nuisent également aux arts et à ceux qui les exercent. — Il y a apparence. — *Voilà donc encore deux choses auxquelles nos magistrats prendront bien garde de donner entrée dans notre état.* — Quelles sont-elles ? — L'opulence et la pauvreté, parce que l'une engendre la mollesse, la fainéantise et l'amour des nouveautés ; l'autre le même amour des nouveautés, la bassesse et l'envie de mal faire. »

Il ajoute plus loin, à propos du gouvernement oligarchique (gouvernement des Riches) : « Mais quoi ! cet autre vice est-il moins grave ? — Quel vice ? — Cet état,

par sa nature, n'est point un ; mais il renferme nécessairement *deux états, l'un composé de riches, l'autre de
pauvres*, qui habitent le même sol, qui travaillent sans
cesse à se détruire les uns les autres. — Non, certes ;
ce vice n'est pas moins grave que le premier.—Ce n'est
pas non plus un grand avantage pour ce gouvernement,
que l'impuissance où il est de faire la guerre, parce
qu'il lui faut ou bien armer la multitude, et avoir par
conséquent plus à craindre d'elle que de l'ennemi ; ou
ne pas s'en servir, et se présenter au combat avec une
armée vraiment oligarchique (c'est-à-dire composée
des seuls riches, et par conséquent très-peu nombreuse). »

Nous trouvons enfin dans le supplément à la République de Platon une ordonnance où il dit, à propos
de la propriété, que *chacun doit posséder assez pour vivre
frugalement*, et plus loin un passage où il permet d'augmenter la propriété mobilière jusqu'au quintuple, tandis
qu'il interdit d'augmenter les fonds de terre en proportion.

N'est-il pas surprenant que Platon, après avoir si-
gnalé avec autant de vivacité que de justesse le vice
principal des sociétés qui l'entouraient, n'ait trouvé,
dans la constitution de sa république idéale, d'autre
remède que la classification des citoyens en différentes
classes, que la violation du principe de l'égalité? On est
douloureusement affecté de le voir s'égarer dans une imi-
tation malheureuse des erreurs de Lycurgue, et donner
comme idéal des lois sociales ces monstruosités que le
législateur de Sparte n'a pu se faire pardonner. Ces ré-
glements qui détruisent le mariage, la famille; les
femmes auxquelles on permet l'amour sans leur per-
mettre la maternité; ces enfants mal constitués que l'on

tue ; cette loi du sacrilége qui donne la mort à quiconque osera, soit dans ses discours, soit dans ses écrits, donner une idée fausse de la Divinité, enfin cette consécration solennelle de l'esclavage qui lui est commune avec tous les législateurs et philosophes de la Grèce, font une ombre attristante au beau côté de sa philosophie.

Aristote n'est pas exempt non plus du reproche adressé à Platon. Celui qui disait : « S'il est beau et presque divin de pouvoir faire le bonheur d'un seul homme, il l'est encore plus de pouvoir faire celui des nations ; c'est ce que se propóse la Politique. » N'a-t-il pas ajouté : « La principale des sociétés naturelles, qui est la famille, s'est donc formée de la double réunion de l'homme et de la femme, du maître et de l'esclave, et le poëte Hésiode avait raison de dire qu'il fallait avant tout une maison, une femme et un bœuf pour la charrue, le bœuf tenant lieu d'esclave aux pauvres. » Et plus loin : « Les Etats sont composés de familles..... une famille complétement organisée se *compose d'esclaves et d'hommes libres.* »

Dans Aristote, nous rencontrons moins d'élévation et de grandeur, moins d'aspiration vers l'idéal que dans Platon, son maître. Cependant, lorsqu'il se livre à l'analyse des différentes parties de l'Etat, s'il n'est pas amené à une conclusion toujours conforme aux destinées humaines, au moins met-il une grande franchise et une entière bonne foi dans ses patientes recherches.

« Pour que l'union sociale soit avantageuse, dit-il, il faut que les membres unis diffèrent en espèces. Ce qui conserve l'Etat c'est la réciprocité des services ; c réciprocité doit exister entre gens *libres* et *égaux.* »

Puis il entre hardiment dans le problème capital.

« Commençons, dit-il, par l'examen de la question

qui se présente la première dans cette discussion ; car il faut d'abord savoir si tout doit être commun entre les citoyens, ou s'il ne doit y avoir rien de commun, ou si quelques choses doivent l'être et les autres non.

» De n'avoir rien de commun cela est impossible. L'état n'est lui-même qu'une espèce de communauté à qui il faut d'abord un local, un territoire commun..... »

Après avoir critiqué, avec beaucoup de sens et de raison, la doctrine de Socrate et Platon, relative à la communauté des femmes et des enfants, il ajoute :

« Quant aux possessions, en admettant l'attribution distincte qui a lieu maintenant partout, des femmes et enfants à chaque père de famille séparément, vaut-il mieux que les biens et leur usage restent en commun, ou que les champs soient possédés séparément et les fruits mis en commun, comme chez certaines nations ; ou qu'au contraire le terroir soit commun et labouré en commun, et les fruits partagés pour l'usage propre de chacun, comme cela se pratique chez quelques barbares ; ou qu'enfin les fonds et les fruits soient communs ?

» Si d'autres que les citoyens labouraient les champs (1), la question serait plus aisée à décider ; mais si ce sont les citoyens qui labourent pour eux-mêmes, la matière des possessions deviendra plus difficultueuse. Y ayant inégalité entre le travail et la jouissance, *ceux qui travaillent beaucoup et reçoivent peu* se récrieront contre ceux qui *travaillent peu et prennent beaucoup.* En général, il est difficile de vivre ensemble et de posséder en commun les choses qui sont à l'usage des hommes, surtout celles-ci qui touchent de si près à la vie...

(1) Comme en Crète, en Laconie et dans quelques autres républiques de la Grèce où la terre était travaillée par les esclaves.

» La manière dont on vit aujourd'hui, surtout si l'on y joint le relief des bonnes mœurs et des bonnes lois, est de beaucoup préférable, étant propre à nous procurer tout à la fois ces deux avantages, *celui de la communauté et celui de la propriété.* Il faut, en effet, qu'à quelques égards les biens soient communs, et qu'en général, ils appartiennent aux particuliers... »

Enfin, après avoir démontré combien la communauté socratique est impraticable, il conclut en ces termes : « Il est donc plus à propos que les possessions soient particulières, et que, par l'usage, elles soient rendues communes... Jamais on ne formera un état, si on ne commence par classer les hommes et partager les biens, en destinant *les uns aux usages publics, et distribuant le surplus aux curies et aux tribus particulières.* »

Aristote n'était donc nullement partisan de cette communauté absolue des propriétés, qui ne pouvait, en effet, s'établir sans inconvénient qu'à Sparte et en Crète, où les terres étaient exclusivement travaillées par les esclaves. Mais la supériorité pratique de son intelligence lui avait découvert la voie véritable qui pouvait conduire à la solution de ce double problème du *droit à l'existence et de l'inégalité des fortunes ;* c'est la distinction établie longtemps auparavant par Phaléas, entre la *propriété commune* et la *propriété individuelle.* Elles doivent se limiter et se contenir l'une et l'autre, tout en se prêtant un mutuel appui. Les maintenir dans un équilibre proportionné aux progrès du temps, au développement du sentiment social, telle doit être la préoccupation constante du législateur. Or, Aristote a bien posé le problème en termes très-explicites ; mais je ne crois pas qu'il l'ait résolu, ni même qu'il ait essayé de le faire. *C'est au législateur d'y pourvoir,* » s'écrie-t-il. Il a raison, car s'il

est permis à un pur théoricien de poser des principes
comme celui-ci, par exemple, il ne lui est point donné
de l'appliquer, puisque la solution pratique de cette
question de la propriété commune et de la propriété individuelle est essentiellement relative. La législation qui
les établit et leur trace des bornes s'appuie nécessairement sur les idées, les mœurs et les besoins du moment
actuel, et tend à se modifier progressivement avec les
idées, les mœurs et les besoins de l'avenir.

Aristote, en se bornant à énoncer le principe, est donc
resté dans les limites de la prudence et de la raison ;
c'est à nous, c'est aux générations futures de dire où
doit s'arrêter la *propriété individuelle,* jusqu'où doit s'é-
tendre la *propriété commune.*

Ce travail a été commencé par nos pères, et nous le
retrouverons plus nettement accusé en avançant dans
l'histoire des temps moins éloignés.

## IX

### Histoire de Rome.

L'histoire de la Grèce nous conduit tout naturellement à nous occuper de Rome et de ses lois.

« Quant au partage des terres, dit Plutarque dans son
*Parallèle de Lycurgue et de Numa,* on ne doit blâmer ni
Lycurgue de l'avoir fait, ni Numa de ne l'avoir pas fait.
Le premier fit de cette égalité la base et le fondement
de sa République ; le second, trouvant les terres nouvel-

lement partagées (par Romulus, son prédécesseur),
n'avait aucun motif de faire un nouveau partage, et de
détruire le premier, qui vraisemblablement subsistait
encore. »

« Mais, ajoute-t-il, Numa, content d'avoir mis un
frein à l'avidité des soldats, permit tous les autres
moyens de s'enrichir; *loin de détruire toute inégalité*, i
laissa les citoyens amasser autant de bien qu'ils pourraient, et négligea *d'arrêter la pauvreté*, qui se glissait et
se répandait insensiblement dans la ville. Il aurait dû
s'y opposer dès l'origine, lorsque cette inégalité, encore
peu sensible, laissait tous les citoyens à peu près au niveau les uns des autres : alors il eût pu, comme Lycurgue, faire tête à l'avarice, et prévoir les inconvénients
qui en furent la suite; *inconvénients graves qui devinrent
la source de cette foule de maux dont Rome fut depuis af-
fligée.* »

Cependant le sage Plutarque se contredit un peu
plus loin lorsqu'il dit, en racontant la vie de Numa :
« Rome, dans ses commencements, avait un territoire
peu étendu: Romulus l'agrandit par ses conquêtes, et
Numa distribua ces nouvelles terres aux citoyens indi-
gents, afin de les soustraire à la misère, cause presque
nécessaire de la perversité... »

Quoi qu'il en soit, le reproche de Plutarque est malheureusement justifié par les faits qui suivirent la fondation de Rome, et par l'histoire de cette République
pendant plusieurs siècles. Les terres ennemies avaien'
bien, en effet, été distribuées, dans ce premier temps,
aux soldats qui avaient aidé à les conquérir; mais ell's
avaient été préférablement données aux plébéiens nou-
vellement admis aux droits de cité, et une grande partie étaient entrées dans le domaine public comme pour

servir de pâturage. Des cantons entiers avaient aussi été laissés, par forme d'inféodation, à leurs détenteurs, moyennant des redevances en argent ou en grains. Nulle loi radicale n'était jamais venue rétablir l'égalité parmi les possesseurs.

« Or, il arriva dans cet âge d'or des Romains ce qui arriva à nos états modernes dans leur âge de fer, dit l'auteur anonyme de l'*Histoire des hommes*. Les patriciens, seuls riches alors, se trouvant arbitres des adjudications, se les firent adjuger à vil prix; en prêtant de l'argent aux plébéiens, et en accumulant les usures, ils absorbèrent leurs petits patrimoines; enfin, à force de joindre à leurs possessions tout ce qui était à leur convenance, ils engloutirent la plupart des communes. »

L'inégalité des fortunes, dans les premiers temps de la République, était extrême. La cupidité des riches, leur insolence, leur dureté envers leurs débiteurs étaient égales à leur fortune. Alors commence cette lutte mémorable qui dure quatre siècles, entre les patriciens et les plébéiens, entre l'aristocratie et le peuple, entre les riches et les pauvres. Cassius proposa la première Loi Agraire.

On a beaucoup parlé, de notre temps, de cette loi célèbre. C'est même resté, pour certaines gens, une arme de parti, employée avec plus de malice que d'intelligence. On voit, d'après ce que nous venons de dire, ce qu'était la Loi Agraire. Il s'agissait tout simplement d'arrêter les rapines et les exactions des patriciens, et d'assurer l'existence de tous les citoyens en distribuant équitablement à un nombre limité de familles, constituant la *cité romaine* (1), les terres conquises. Cent fois

(1) On sait que le *peuple romain* était composé d'un nombre assez

les plébéiens se soulevèrent à la voix de leurs tribuns; toujours ils succombèrent : c'était tantôt Licinius qui conduisait le peuple sur le Mont-Sacré; c'était Genucius expiant son dévouement au peuple sous les coups des patriciens; c'était Terentillus demandant qu'une jurisprudence réglât les intérêts et les droits des deux classes hostiles; c'était enfin la lutte mémorable des Gracques contre le despotisme des riches.

Si les patriciens trouvèrent des champions énergiques et violents, les défenseurs ne firent point défaut à la cause des plébéiens. Des orateurs s'improvisèrent, et ce ne furent pas les moins éloquents. Ils avaient pour eux le droit et la justice; la conviction suppléait à l'érudition et au talent.

Pour faire bien connaître la manière dont la question était posée, il nous suffira de citer le discours d'un plébéien obscur, nommé Siccius, qui, inspiré par un sentiment profond du droit, sut trouver des mouvements d'une véritable éloquence :

« Voici, dit l'orateur populaire, la quarantième année que je sers la patrie, et la trentième que je suis dans un grade élevé, tantôt à la tête d'une cohorte, tantôt commandant une légion. Pendant ce long intervalle, je me suis trouvé à cent vingt batailles, j'y ai reçu quarante-cinq blessures, dont aucune n'est de nature à me faire rougir; j'ai assisté à bien peu d'actions où je n'aie reçu le prix de ma valeur. J'ai obtenu une couronne obsidionale pour avoir fait lever un siège, trois couronnes murales pour être monté le premier à l'assaut, et quatorze couronnes civiques pour avoir sauvé autant de fois

circonscrit d'individus, habitant dans les limites du Latium et jouissant du titre et des droits de citoyen romain (*civis Romanus*).

la vie à mes concitoyens... Cependant, ô Romains!
ce Siccius, qui n'a pas un endroit sur tout son corps qui
ne soit couvert de cicatrices, ce Siccius ne possède pas en
propre un seul coin de terre, ainsi que ces braves plébéiens qui l'écoutent, et qui ont été les compagnons de
ses travaux. Toutes les possessions enlevées aux ennemis
sont aujourd'hui entre les mains de citoyens fiers de
leur naissance plutôt que de leur courage, qui ne les
ont point reçues de la nation, qui n'en ont pas payé le
prix, et qui ne peuvent montrer aucun titre de propriété.

» Qu'a donc fait cette Noblesse pour jouir avec insolence de ce qui m'est refusé? Est-il un de ses membres
qui ose entrer en parallèle avec moi pour son patrio-
tisme? Mais toute sa grandeur consiste dans son orgueil.
Elle ne sait pas mesurer ses forces avec ses ennemis;
elle ne sait combattre que ses concitoyens. Elle regarde
Rome entière comme son patrimoine. Est-ce que la conquête de notre liberté sur les rois qui nous opprimaient
n'est pas aussi notre ouvrage?

» Je ne vous rappellerai pas, ô Romains, le despotisme avec lequel ces patriciens nous écrasent. Vous
savez qu'ils ont voulu nous défendre jusqu'au droit de
parler pour le bien de la patrie. Ils ont fait plus encore : Cassius, ce citoyen respectable par trois consu-
lats et par deux triomphes, accusé de tyrannie pour
avoir proposé le premier la Loi Agraire, a été préci-
pité, par leur ordre, du haut de la Roche Tarpéienne,
comme le plus vil des malfaiteurs.

» Onze ans après, n'osant attaquer en face le tribun
Genucius pour le même fait, ils l'ont lâchement assas-
siné. Enfin, voici trente ans qu'à force de violences et
de crimes, ils sont parvenus à éluder leur engagement
de nommer les Décemvirs pour l'exécution de la Loi

Agraire. Prouvons-leur, ô Romains! que trente ans de souffrance et d'oppression ne prescrivent pas contre le principe social d'égalité, qui est pour nous la seconde Loi de la Nature. »

Les patriciens restaient sourds à ces éloquentes réclamations, et le peuple n'eut jamais assez de hardiesse ni assez de suite dans ses desseins pour parvenir à imposer sa loi. Lorsque l'injustice et la misère, portées à leur comble, exaspéraient le peuple, lorsqu'une révolution paraissait imminente, les consuls et le sénat se hâtaient de susciter une guerre et d'appeler les légions sous les drapeaux. Or, le sentiment patriotique était si puissant chez le peuple romain, qu'oubliant ses griefs et sa colère, il courait aux armes pour défendre cette constitution inique qui l'écrasait. Cependant on vit à plusieurs reprises des armées entières se laisser battre par l'ennemi afin d'humilier un consul détesté et d'effrayer les riches qui tremblaient alors pour leurs trésors. Singulier scrupule !... Ces soldats ne voulant pas violer le serment qu'ils avaient fait de ne point abandonner les drapeaux, ne voulant pas combattre non plus pour les défendre, ne désertaient pas, mais se laissaient tuer.

Tant que dura cette lutte avec quelque chance de succès pour le peuple, les richesses particulières furent contenues dans certaines bornes, et la république prospéra. Mais la puissance de l'État s'étant étendue, ses possessions augmentèrent et avec elles la fortune des patriciens. Le peuple, corrompu par sa pauvreté mê  , perdit de son énergie et de son influence ; l'équilibre se rompit tout à fait, et Rome, livrée à une aristocratie opulente, lâche et corrompue, attendit un maître.

» Avant que Rome fût gouvernée par un seul, dit Montesquieu, les richesses des principaux étaient immenses, quelles que fussent les voies qu'ils employaient pour les acquérir... » Et plus loin : « La grandeur de l'État fit la grandeur des fortunes particulières ; mais l'opulence est dans les mœurs et non pas dans les richesses ; celles des Romains, qui ne laissaient pas d'avoir des bornes, produisirent un luxe et des profusions qui n'en avaient point. Ceux qui avaient été d'abord corrompus par leurs richesses, le furent aussi par leur pauvreté. »

Sous les empereurs, Rome nous offre le triste spectacle d'une nation qui meurt misérablement écrasée par l'excès de sa puissance et de ses richesses. Les patriciens tremblaient sous la main du despote qui les décimait ou les ruinait. « Le peuple, dit Montesquieu, ne haïssait pas les plus mauvais empereurs. Depuis qu'il avait perdu l'empire et qu'il n'était plus occupé à la guerre, il était devenu le plus vil de tous les peuples ; il regardait le commerce et les arts comme des choses propres aux seuls esclaves ; et les distributions de blé qu'il recevait lui faisaient négliger les terres ; on l'avait accoutumé *aux jeux et aux spectacles*. Quand il n'eut plus de tribuns à écouter, ni de magistrats à élire, ces choses vaines lui devinrent nécessaires, et son oisiveté lui en augmenta le goût. Or, Caligula, Néron, Commode, Caracalla, étaient regrettés du peuple à cause de leur folie même, car ils aimaient avec fureur ce que le peuple aimait, et contribuaient de tout leur pouvoir, et même de leur personne, à ses plaisirs ; ils prodiguaient pour lui toutes les richesses de l'empire ; et quand elles étaient épuisées, le peuple voyait sans peine dépouiller toutes les grandes familles ; il jouissait des fruits de la tyrannie et il en jouissait purement, car il trouvait sa sûreté dans sa bassesse. »

Tel est le tableau que présente cette grande cité romaine, arrivée au plus haut degré de la puissance, possédant tout le monde connu, remplissant l'histoire du récit de ses victoires et des hauts faits de ses grands hommes. Ce peuple, que l'on appelait *le peuple-roi*, plongé dans une servitude volontaire, se complaisait dans l'avilissement le plus méprisable et faisait retentir les échos du forum, où s'étaient débattues la vie de tant de rois, l'existence de tant de nations, de ce cri à jamais mémorable : *Panem et circenses !*

« Ce fut le partage égal des terres, assure Montesquieu, qui rendit Rome capable de sortir d'abord de son abaissement ; et cela se sentit bien quand elle fut corrompue. » C'est donc l'*inégalité des fortunes*, qui a perdu Rome.

Les patriciens ont été corrompus par leurs richesses immenses.

Les plébéiens ont été corrompus par leur pauvreté.

Les patriciens, corrompus par la fortune, ont laissé échapper le pouvoir de leurs mains devenues impuissantes.

Les plébéiens, corrompus par la misère, n'ont pas su le reconquérir.

Les empereurs sont venus substituer à la richesse insolente d'une caste la richesse insolente d'une dynastie, à la faiblesse d'un sénat corrompu la faiblesse d'un tyran corrompu.

Cet immense empire, ébranlé dans sa base, s'effondra de toutes parts, et « finit comme le Rhin, qui n'est plus qu'un ruisseau lorsqu'il se perd dans l'Océan (1). »

(1) Montesquieu, *Grandeur et Décadence.*

# X

## Avénement du christianisme.

Sur les confins de l'Asie et de l'Afrique, non loin de la mer qui baigne les côtes de l'Europe méridionale, dans un pays aujourd'hui presque stérile, se rencontrèrent les deux peuples chargés l'un de conserver, l'autre de transmettre au monde la religion de Dieu.

Celui-là, misérable, dégénéré, décimé par des guerres incessantes, retombé pour la cinquième fois sous la domination de ses ennemis, ne pouvant plus garder en ses mains débiles le précieux dépôt de Moïse, son premier libérateur.

L'autre, maître du monde entier, encore dans toute la splendeur de sa puissance, mais portant dans son sein les éléments de corruption qui devaient le faire périr ; seul capable pourtant de répandre et de faire triompher le Verbe, qui était depuis longtemps annoncé.

Rome après avoir vaincu Jérusalem devait être conquise par elle.

Mais la religion de Moïse, destinée à un peuple neuf, pauvre, à moitié barbare, avili par un long esclavage, pouvait-elle obtenir la même influence sur une nation puissante, civilisée, renfermant dans son sein toutes les richesses du monde connu, tous les trésors de la philosophie et de la science ?

Pour imposer aux Hébreux indociles et ignorants, Moïse avait fait intervenir Dieu lui-même, au milieu des foudres du Sinaï, dans tout l'appareil de sa majesté et de sa puissance; Dieu vengeur et rémunérateur, promettant toutes les richesses de la terre promise aux fidèles observateurs de sa Loi, menaçant de peines terribles la révolte et la désobéissance.

Pour subjuguer les rois et les puissants, les savants et les riches, le nouveau législateur du peuple hébreu, fils d'un pauvre ouvrier charpentier, naquit dans une étable, vécut obscurément jusqu'à l'âge de trente ans, puis mourut misérablement sur la croix, entre deux larrons, regretté de quelques pêcheurs, de quelques péagers, gens sans fortune, sans considération, et de peu de science, qui furent chargés de prêcher la doctrine du maître et de soumettre le monde à sa loi. — Ce qu'ils firent.

L'an 4032 du monde, et 754 de Rome, sous le règne d'Auguste, Jésus naquit à Bethléem, petite ville de udée.

Celui qui devait relever l'antique religion de l'humanité et donner un nouveau développement à l'œuvre immortelle de Zoroastre, de Moïse et de toute l'antiquité égyptienne, était depuis longues années annoncé ou plutôt désiré par tous les sages de l'Orient. « Une ancienne et constante opinion, dit Suétone, était répandue dans l'Orient, qu'un homme s'élèverait dans la Judée et obtiendrait l'empire universel. » « La plupart des Juifs, ajoute Tacite, étaient convaincus, d'après un oracle conservé par les anciens livres de leurs prêtres, que dans ce temps-là l'*Orient prévaudrait*, et que quelqu'un sorti de la Judée règnerait sur l'Univers. »

Ce Dominateur futur, prédit par les livres, les prêtres et les sages, fils d'un pauvre travailleur, élevé on ne sait où ni comment, chez les communistes Esséniens peut-être, revint en Judée, quand il fut homme, consoler les pauvres et les affligés, réconforter les souffrants, combattre la mauvaise richesse et la fausse science. Son esprit naïf et profond, sa douceur adorable, son amour pour l'humanité, son caractère plein de simplicité et de grandeur, sa bonté, son indulgence, sa sagesse surhumaines en firent un Dieu ; Dieu de paix et de miséricorde, Dieu d'amour et de fraternité, Dieu des pauvres, Dieu des simples, Dieu de charité infinie !

Il voulut détruire le mal partout où le mal était ;

Il voulut réhabiliter la nature humaine, avilie par l'oppression, l'esclavage et la corruption ;

Il voulut affranchir le pauvre ;

Il voulut amender le riche ;

Il voulut établir sur la terre le royaume de Dieu, la liberté, l'égalité, la fraternité.

Il voulut ce qu'après dix-huit siècles nous demandons encore aujourd'hui ; et son empire, selon les prédictions, s'étendit sur le monde entier.

Mais si le nom du Christ a triomphé depuis tant de siècles, sa doctrine n'a pas eu le même sort.

Les méchants se sont emparés du Verbe et l'on transformé ; les ignorants et les aveugles ont suivi les méchants ; l'instrument d'émancipation est devenu l'arme la plus infaillible du despotisme. Le divin avocat du pauvre et du faible est devenu le complice du riche et du puissant ; et si nous voulons chercher le fils du charpentier, le Dieu de justice et d'amour, c'est dans la primitive Église que nous le retrouverons ; c'est dans le sein des hérésiarques qu'il se réfugie plus tard.

Quelque temps après la mort de Jésus, Pierre, le pauvre pêcheur, et Paul, le persécuteur converti, arrivèrent à Rome et fondèrent une société d'hommes qu'ils désignèrent du mot *ecclesia* (réunion) ; ce fut l'Église.

« Tous ceux qui composaient cette Église, disent les Actes, persévéraient dans la doctrine des apôtres, dans la communion de la fraction du pain et dans la prière. Unis ensemble par la foi, *ce qu'ils avaient était en commun. Ils vendaient leurs biens, ils les distribuaient à tous suivant le besoin de chacun*; ils rompaient le pain dans les maisons, ils prenaient leur nourriture avec joie et simplicité de cœur, louant Dieu, et se faisant aimer de tout le peuple. Toute la multitude de ceux qui croyaient n'étaient qu'un cœur et qu'une âme ; aucun d'eux ne s'appropriait rien de ce qu'il possédait, mais il mettait tout en commun ; *il n'y avait point de pauvres* parmi eux, parce que tous ceux qui avaient des terres et des maisons les vendaient et en apportaient le prix ; ils le mettaient aux pieds des apôtres, et on le distribuait à chacun. Il se faisait alors beaucoup de miracles et de prodiges parmi le peuple, par les mains des apôtres, et le peuple leur donnait de grandes louanges. Il arrivait de là que le nombre de ceux qui croyaient au Seigneur, hommes et femmes, s'augmentait tous les jours de plus en plus (1). »

Voilà ce qu'était, dans les premiers temps de l'Église, la doctrine de Jésus.

Les pauvres et les faibles affluèrent, mais les riches et les puissants y vinrent aussi, et les vérités évan-

_____

(1) *Les Pères de l'Église*, traduits par M. de Genoude.

liques se modifièrent. L'hérésie se leva ; mais était-ce bien des hérétiques, ceux qui voulaient continuer fidèlement l'enseignement de Jésus et des apôtres ?

L'une des premières hérésies, la plus importante à mon sens et la plus significative, fut celle de Pélage. Il s'agissait de l'origine du mal.

Deux systèmes étaient en présence.

Pour les docteurs de l'église officielle, le mal était dans la constitution de l'homme entaché du vice originel. Donc l'homme n'avait d'autre but et ne devait avoir d'autre règle dans cette vie que d'effacer cette tache et de combattre le mal en lui-même, afin d'être admis, pour la vie éternelle, dans le sein de Dieu.

Pélage affirmait, au contraire, que le mal n'était pas primitivement en nous, mais hors de nous, c'est-à-dire dans le milieu où nous vivons, et que la terre n'était pas éternellement destinée à être la proie du mal.

La première de ces doctrines, celle qui a triomphé, a fait de la religion chrétienne ce qu'elle est aujourd'hui, un moyen de gouvernement entre les mains des rois, des riches et des fourbes. Elle ordonne le détachement des choses de ce monde en vue d'un idéal de félicité céleste, et tolère toutes les injustices et toutes les oppressions. Elle prêche la résignation aux pauvres et aux opprimés, et vend aux riches le droit de commettre impunément tous les crimes. Par une affreuse ironie, cette Eglise, riche, puissante, livrée à tous les raffinements du luxe et à toutes ses joies, félicite le pauvre de sa misère et de ses souffrances, et s'apitoie sur le malheureux sort de ceux qui regorgent de richesses.

Voici à son tour ce que prétend l'hérésie :

Le mal n'est point inhérent à l'homme, mais il réside dans le milieu où nous vivons. C'est donc ce milieu qu'il faut transformer et améliorer. Par conséquent la vie de l'homme doit fournir l'exemple d'une lutte de tous les jours contre le mal extérieur; et l'humanité pourra goûter par avance un bonheur parfait en ce monde quand le mal aura été vaincu. Ce n'est autre chose que le dogme de la perfectibilité humaine s'appliquant en même temps à la nature objective et subjective.

Ce dogme n'était pas nouveau. C'est sur ce point que la théologie manichéenne, offrant d'ailleurs de nombreuses analogies avec la théologie chrétienne, lui est incontestablement supérieure. Le partage du monde entre le bien et le mal n'est, dans Zoroastre, qu'une collision transitoire. Le génie du bien doit l'emporter à la fin sur le génie du mal. « A ce jour donc, toute résistance détruite, la volonté de Dieu se fera sur la terre et en enfer comme dans le ciel, ou, pour mieux dire, l'enfer n'existera plus, la terre régénérée sera confondue avec le ciel, et le règne divin réunira la totalité de l'univers. Telle est, selon cette grande prophétie, la fin du monde. Ormuzd a connu, dès le commencement, cette conclusion heureuse de toutes choses, et il n'a pas craint de laisser la race des hommes se multiplier sur la terre, parce qu'il a vu qu'en dernier résultat, ils étaient tous appelés à s'asseoir dans le ciel pour y goûter la béatitude éternelle (1). »

D'un côté se trouve une doctrine fatale, qui, poussée à ses conséquences dernières, ferait consister la perfection dans l'immobilité absolue. L'homme, égoïste religieux, dédaignerait le monde extérieur, c'est-à-dire tolèrerait toutes les injustices et tous les crimes pour s'occuper uniquement de son propre salut.

(1) Jean Reynaud, *Encyclop. nouvelle.*

L'hérésie nous offre la vraie tradition de l'humanité dans le dogme de la perfectibilité indéfinie, dogme accepté aujourd'hui par tous les hommes sérieux et sincères, et qui est devenu le principe fondamental de la religion de l'avenir.

Pour les hérésiarques et pour les penseurs, Jésus-Christ aurait dit : « Mon royaume n'est pas *encore* de ce monde. »

Pour l'Eglise, condamnant cette terre à la perpétuité du mal et de la douleur, il aurait dit : « Mon royaume n'est pas de ce monde. »

Omission capitale qui met un abîme entre les deux doctrines, un abîme d'injustices et de souffrances.

Les Pélagiens, repoussant le dogme qui attribue à l'homme une nature déchue et imperfectible au point de vue du bonheur en ce monde, cherchèrent où était la source du *mal extérieur*, et ils la virent dans la *pauvreté*, résultat fatal de l'inégalité des richesses. Saint Jean Chrysostôme avait dit avant eux : « On ne doit avoir crainte que pour un seul péché ; tous les autres sont facilement effacés. Le mal qui me donne des inquiétudes profondes, c'est la richesse et la puissance... *Divitia radix malorum omnium*... La richesse est la source de tous les maux. » A cet axiome les Pélagiens répondirent : « *Tolle divitem et non invenies pauperem*... Que la richesse disparaisse et la pauvreté est abolie...» Puis, se fondant sur cet axiome de saint Matthieu : « Ce qui est *trop abondant* est mauvais, » ils soutinrent, contrairement à saint Augustin, que la richesse individuelle ne vient pas de Dieu.

« Le caractère distinctif de la richesse, dirent-ils (1),

(1) *Liber de Divitiis, maxima Bibliotheca Patrum.*

consiste en ceci, à savoir que les objets qui la constituent doivent être possédés par un petit nombre d'individus.

« En effet, ce n'est pas l'or, l'argent ou les pierres précieuses qui forment la richesse, mais bien la possession *en abondance* des choses superflues et qui dépassent le nécessaire.

» Je laisse à votre jugement de décider si un tel ordre de choses peut provenir de Dieu, qui est la source de toute justice et de toute équité... »

Puis ils ajoutent : « Sous le rapport de la propriété, les hommes peuvent se partager en trois classes :

« Les riches, les pauvres et ceux qui possèdent le nécessaire.

» La richesse, autant que mon peu d'expérience (1) dans cette question me permet de le concevoir, consiste à posséder plus que le nécessaire. Le pauvre manque du nécessaire. Et enfin celui qui est dans une situation mitoyenne à ces deux positions ne possède rien au delà de ce qui est nécessaire pour satisfaire ses premiers besoins.

» Et ne croyez pas que cette définition soit de moi ; ne méprisez pas ce qui a été publié par le Saint-Esprit, comme vous pourriez le faire s'il s'agissait des pensées des hommes. Le Saint-Esprit a dit dans le livre de la Sagesse : « Seigneur, ne me faites ni riche ni pauvre. Donnez-moi ce qui suffit aux nécessités de la vie. »

Enfin ils concluent de ce qui précède, qu'il n'y a « de

---

(1) Les Pélagiens avaient embrassé la pauvreté volontaire : ils étaient au moins conséquents avec eux-mêmes ; ils étaient, en effet, peu *expérimentés* en fait de richesses.

bon et moral que la possession de cette portion de richesses qui suffit aux nécessités premières. »

Quel était donc en somme le but que se proposaient ces premiers chrétiens? Le même que s'étaient proposé les religions, les lois et les hommes dont nous avons esquissé l'histoire :

*Assurer à tous le nécessaire ;*

*Détruire les maux résultant de l'inégalité excessive des richesses.*

Or, ces derniers réformateurs, si je puis m'exprimer ainsi, prenant à la lettre les enseignements de l'Evangile et l'exemple personnel de Jésus, aboutissaient directement à une sorte de communisme plus déplorable que tout autre. Leur doctrine consistait à limiter les besoins, à borner les efforts à la satisfaction de ces besoins, et par conséquent à passer le reste de sa vie dans une complète immobilité. En croyant mettre un frein à l'avarice, ils tuaient le progrès humain et arrêtaient la civilisation. Comme toutes les exagérations, ils étaient partis d'une saine appréciation des causes du mal, mais ils avaient dénaturé le remède en le poussant à l'extrême. Aussi l'Eglise finit-elle par triompher de leurs sages critiques en réfutant leurs imprudentes réformes.

Ces hommes n'étaient point dangereux pour la société, car ils n'employaient d'autres armes que la conversion. Ils ne poussaient pas le pauvre à dépouiller le riche; ils voulaient que le riche se dépouillât de lui-même. Agissant, en cela, comme le Christ et ses premiers apôtres, ils eurent aussi de puissants convertis à accueillir. Mais les destinées de l'humanité ne doivent aboutir ni au cénobitisme, ni à l'ascétisme, ni à tout autre système, ancien ou moderne, pour aller s'y enfermer et s'y perdre. L'humanité marche à travers les dogmes et les hérésies, les sermons et les controverses, à travers les philosophes et les systèmes, empruntant à chaque âge, à chaque nation, à chaque secte, à chaque homme, à chaque idée, la force nécessaire pour continuer son ascension vers le but que Dieu lui a montré.

Mais au milieu du choc des idées des hommes et des choses, au milieu de tant de naufrages divers, on voit triompher et survivre certaines vérités fondamentales qui traversent tous les écueils, conservées par la raison, la conscience et le bon sens de l'humanité.

# XI

## De la féodalité.

Ce fut dans le sein de l'empire Romain que se forma et se développa la nouvelle Eglise. Rome, affaiblie par l'excès de sa propre puissance, devait voir son prestige se relever, son influence renaître par l'adoption du christianisme,

›Tandis qu'en Grèce, en Syrie, en Égypte, les philosophes convertis, chefs d'autant de sectes différentes, se livraient à la controverse sur les points princip
de la religion nouvelle, à Rome on condamnait les premiers chrétiens aux plus horribles supplices. Mais, au lieu de détruire la vérité naissante, les persécutions

assurèrent son triomphe. Sous Dioclétien, le tiers de l'empire se trouva chrétien.

Malheureusement les principes du Christ avaient été singulièrement altérés. Lorsque l'Église eut fait de nombreux prosélytes et que les persécutions eurent cessé, les rois et les puissants reçurent le baptême, ils embrassèrent la doctrine de l'Église officielle, s'appuyant sur le mot prêté à Jésus : « *Mon royaume n'est pas de ce monde.* » Ils gardèrent leurs richesses, ils continuèrent leur domination despotique, et firent prêcher la *résignation* aux pauvres, aux faibles et aux ignorants. Le mal qu'avait enfanté l'Eglise la perdit. Elle crut aussi plaire à Dieu en cherchant à amasser des richesses, à accaparer la puissance, et chaque jour elle s'éloigna davantage du but sublime que son chef lui avait indiqué.

Aussi lorsque les peuplades barbares du Nord vinrent porter le dernier coup à la grandeur chancelante de l'empire romain, les chefs de ces hordes de pillards n'eurent-ils aucune répugnance à embrasser une religion qui prêtait aux fort un appui invincible pour opprimer le faible.

L'antique Rome eut bientôt disparu pour faire place à une Rome nouvelle, la Rome des pontifes chrétiens. Au pouvoir temporel, évanoui avec la dernière invasion, elle substitua le pouvoir spirituel. Le successeur de Romulus et de César s'intitula le successeur de saint Pierre.

Le foyer de la civilisation, qui de l'Afrique et de l'Asie avait passé dans la Grèce, abandonna l'Orient et vint définitivement se fixer dans cette partie de l'Europe que baignent à la fois l'Océan et la Méditerranée.

Que devinrent, après cette nouvelle révolution, les **principes que nous suivons** à travers toutes les vicissitudes de l'histoire, depuis les temps les plus reculés? L'avénement du christianisme réussit-il à faire disparaître la *souffrance de pauvreté* dont nous parlait le grand Zoroastre, à détruire *cette inégalité excessive des richesses* que nous avons vue constamment devenir la plus implacable ennemie de la prospérité des nations?

Hélas! non. Mais il ne faut jamais désespérer de l'humanité. Si le mal est encore dans les faits, les idées vont progresser, et tôt ou tard l'idée saura triompher du fait.

Le christianisme avait aboli l'esclavage, qu'admettaient Lycurgue, Solon, Platon, et tous les philosophes de l'antiquité. Il toléra l'exploitation de l'homme sous une autre forme : domination moins cruelle et moins absolue. Les chefs des peuples conquérants établis en Gaule et en Germanie eurent des *serfs;* l'Eglise elle-même eut aussi les siens. C'était toujours l'asservissement de la créature humaine; mais, dans le fond, il y avait progrès.

Les peuples barbares, qui furent nos pères, après avoir rapidement conquis les Gaules, occupée par les Romains, trouvèrent le pays à leur gré et s'y établirent. Les Goths et les Bourguignons partagèrent les terres avec les Romains. Les Francs prirent ce qu'ils voulurent. « Dans le commencement de la première race, dit Montesquieu (1), on voit un nombre infini d'hommes libres, soit parmi les Francs, soit parmi les Romains; mais le nombre des serfs augmenta tellement, qu'au commencement de la troisième race tous les laboureurs et presque tous les habitants des villes se trouvèrent serfs; et au lieu que dans le commencement de la p

(1) *De l'Esprit des lois*, liv. XXX, ch. XI.

mière il y avait dans les villes à peu près la même administration que chez les Romains, des corps de bourgeoisie, un sénat, des cours de judicature, on ne trouve
guère, vers le commencement de la troisième, qu'*un
seigneur et des serfs*. »

En effet, dans leur première invasion, les Francs, les
Goths et les Bourguignons prirent l'or, l'argent, les
meubles, les vêtements, et se les partagèrent; mais ils
laissèrent aux habitants tous leurs droits politiques et
civils.

Ce fut seulement lorsque la révolte, la résistance, les
différents partages de la monarchie entraînèrent des
guerres civiles que les habitants des contrées vaincues
furent asservis. Ce fut ainsi que les peuples d'Auvergne
s'étant montrés infidèles au roi Théodoric, furent enle-
vés de leur pays et menés en servitude (1). Il en fut de
même des habitants de Bourges, sous le règne de Chil-
péric (2).

Le roi, les prêtres et les seigneurs levaient sur les
serfs (c'est-à-dire les laboureurs et les industriels) des
tributs appelés *census*. C'étaient les charges privées, rele-
vant de chaque domaine, et non point des contributions
publiques. L'individu seul, roi, prêtre ou seigneur, en
profitait, l'état n'avait rien à y voir.

Peu à peu le territoire tout entier fut exclusivement
possédé par les seigneurs, les prêtres ou le roi. Les serfs
travaillaient la terre, et tout le bénéfice en revenait à
leurs maîtres. On voit qu'il n'y avait pas loin de cet état
de choses à ce qui se passait à Lacédémone et dans l'île
de Crète. Avec le temps, il se fit un certain ordre dans

(1) Grégoire de Tours liv. III.
(2) *Ibidem*.

cette exploitation audacieuse du faible au profit du fort. L'oppression se hiérarchisa. Les chefs, les rois eurent des *leudes* ou seigneurs auxquels ils donnèrent les terres; conquises; ceux-ci eurent des vassaux, seigneurs de second ordre, qui pressuraient directement *la gent taillable et corvéable*, les manants. Puis la possession se continuant et s'affermissant, les rois et seigneurs songèrent à lui donner des bases encore plus solides; jusque-là, leudes et vassaux avaient reçu ces terres des mains du chef, auquel elles retournaient après leur mort. Ils songèrent à les immobiliser dans les familles. De ce jour la *caste* fut constituée, et l'exploitation des manants assurée pour longtemps.

Il suivit de la perpétuité des fiefs que le droit d'aînesse s'établit parmi les Français. On ne le connaissait point dans la première race, la couronne se partageait entre les frères, les alleux se divisaient de même. L'injustice pénétra par là dans la famille même des seigneurs, et l'on vit les *cadets*, sacrifiés sans pitié à la prospérité de leurs aînés, se réfugier dans le sein de l'Église.

La domination et les richesses furent donc partagées entre les seigneurs et les prêtres. L'usage de donner ses biens à l'Église se répandit tellement que le clergé, assure Montesquieu, s'est vu deux ou trois fois possesseur de tout le territoire des Francs. Plus tard, les propriétés du clergé devinrent biens *de main-morte*, c'est-à-dire attachés non à des individus, mais à la communauté, être collectif et abstrait. Afin d'éviter la division des grandes propriétés auxquelles étaient attachés les titr les droits et les priviléges, les fiefs furent rendus inaliénables et transmissibles à l'aîné de chaque famille. De telle sorte que la puissance de ces castes devait incessamment s'accroître, sans avoir aucune chance de se dissoudre.

Le despotisme de la féodalité eut donc une organisation logique, complète.

Alors commença la lutte des victimes contre leurs oppresseurs : lutte à jamais mémorable, qui emprunta mille formes et mille instruments divers. Elle fut inaugurée par la *Jacquerie*, et aboutit à la révolution de 1789.

Cette guerre peut se résumer avec un mot : c'est la guerre contre le PRIVILÉGE.

Les rois, les seigneurs et les prêtres avaient le privilége de la possession des terres, le privilége des bénéfices, le privilége des emplois, le privilége des honneurs, le privilége des richesses, le privilége de vivre des sueurs du peuple, et le privilége de ne point travailler ; ils avaient aussi, sur le manant, le privilége de la vie, car ils disposaient de la sienne, et la leur était garantie.

Le privilége a-t-il été entièrement vaincu par la révolution de 1789 ? Qui oserait le soutenir ? Seulement il a pris une autre forme, il s'est incarné dans d'autres hommes.

C'est cette lutte contre le *privilége*, lutte pacifique et légale, que nous devons continuer ; car ne sommes-nous pas les enfants de ces roturiers et de ces manants, les petits-fils de *Jacques Bonhomme ?*

# XII

## La guerre contre le Privilége.

Jacques Bonhomme sentait vivement l'injustice dont il était la victime ; voici comment s'exprimaient au douzième siècle les trouvères, fidèles échos de ses douleurs et de ses plaintes :

« Les seigneurs ne nous font que du mal, nous ne pouvons avoir d'eux ni raison ni justice ; ils ont tout, prennent tout, mangent tout, et nous font vivre en pauvreté et en douleur. Chaque jour est pour nous jour de peines ; nous n'avons pas une heure de paix, tant il y a de services et de redevances, de tailles et de corvées, de prévôts et de baillis.... Pourquoi nous laisser traiter ainsi ? Mettons-nous hors de leur pouvoir ; nous sommes des hommes comme eux, nous avons les mêmes membres, la même taille, la même force pour souffrir, et nous sommes cent contre un.... Défendons-nous contre les chevaliers, tenons-nous tous ensemble, et nul homme n'aura seigneurie sur nous, et nous pourrons couper les arbres, prendre le gibier dans les forêts et le poisson dans les rivières, et nous ferons notre volonté, aux bois, dans les prés et sur l'eau (1). »

A-t-on trouvé rien de plus naïf et de plus touchant, rien de plus net et de plus ferme à la fois, contre les injustices du privilége féodal ?

C'est sous l'influence de ces sentiments et de ces idées que la résistance à l'opprssion s'organisa.

Profitant des discussions survenues entre les seigneurs, et de l'ambition toujours croissante des rois, les manants travaillèrent avec une rare persevérance à combattre le despotisme qui les écrasait. Peu à peu les villes, les bourgades, les communes s'affranchirent; opposant aux institutions qui les opprimaient des institutions analogues les villes, les bourgades, les communes eurent leurs priviléges et leurs immunités. Tantôt s'appuyant sur les seigneurs pour résister aux empiétements de la monarchie, tantôt demandant au souverain justice et protection contre les violences et les exactions des seigneurs, elles surent, à force de courage, d'habileté et de sacrifices, préserver de ces deux puissances également redoutables la modeste indépendance qu'elles avaient conquise.

L'oppression leur apprit à connaître les bienfaits et la puissance du principe de l'association. Les communes affranchies firent alliance, et se prêtèrent une mutuelle assistance dans leurs démêlés avec la féodalité; les travailleurs en firent autant, ils se formèrent en corporation avec cette devise : *Vincit concordia fratrum*; «La fraternité triomphe.» De là surgirent les jurandes

---

(1) Wace, *Roman de Rou*, édition Pluquet, tome II.

et les maîtrises; institutions empreintes de l'esprit féodal, et devant disparaître à l'inauguration des principes de 1789, mais qui rendirent, il faut le reconnaître, d'immenses services à l'industrie et au commerce exercés par les roturiers. Ce fut un mal nécessaire destiné à combattre les funestes effets d'un mal plus grand encore; car c'est en opposant Privilége à Privilége que les industriels et les marchands protégèrent leur liberté et sauvèrent le fruit de leurs labeurs.

Tandis que le peuple se livrait avec une patience admirable à cet immense travail d'affranchissement qui dura des siècles, le triomphe de la vérité et de la justice se préparait activement dans le domaine des idées. La providence venait de donner aux peuples un instrument de délivrance irrésistible. Guttemberg inventa l'imprimerie; l'imprimerie, qui devait un jour renverser les châteaux, anéantir les priviléges, détrôner les rois, et porter la lumière au sein de toutes les erreurs.

Pendant les siècles qui suivirent, les conquêtes philosophiques des temps anciens, arrêtées par l'invasion des Barbares et la reconstitution de la société dégénérée, reprirent un nouveau développement; le peuple travaillait patiemment à conquérir ses droits, il avançait lentement sur un terrain qui lui était disputé pas à pas; il eût fallu bien des siècles de cette marche imperceptible pour atteindre le but mal défini de tant d'efforts persévérants.

Mais, secondée par l'invention providentielle de Guttemberg, la pensée traversa rapidement les espaces; elle fit des découvertes et s'égara; elle rappela les principes oubliés, les développa, les altéra et les soumit à toutes les vicissitudes du génie humain, obscurci par

6

les passions, ou éclairé par la logique et l'amour du bien. Il se trouva, comme au temps de Zoroastre et de Moïse, comme au temps de Rome et d'Athènes, des cœurs honnêtes qui censurèrent le mal, des esprits aventureux qui cherchèrent à réaliser le bien.

Dans le domaine des faits, on était loin encore de l'application de ces principes que nous avons trouvés formulés ou réalisés en partie chez tous les peuples de l'antiquité ; il était bien question d'accorder le *nécesaire* à tous quand l'immense majorité de la nation était plongée dans la servitude et *vivait en pauvreté et en douleur !* Il était bien question de *l'inégalité des richesses* quand les nobles *possédaient tout, prenaient tout, mangeaient tout !* Il était bien question d'établir une distinction salutaire entre la propriété individuelle et la propriété de l'*E*tat, quand *l'Etat lui-même n'existait pas !*

Mais l'idée ne s'arrêtait point ; ce sont encore les hérétiques qui commencent la lutte. La vraie doctrine du Christ, altérée par l'Église, est relevée par de pieux sectaires qui font vœu de vivre « loin du luxe et de la vanité ; » leurs bonnes mœurs, leur humilité, leur douceur frappent tous les esprits. La doctrine des Albigeois et des Vaudois faisait un trop dangereux contraste avec le luxe, la corruption, la débauche de *cette sentine de la Sodôme Romaine*, comme l'appelait Luther (1), pour que Rome et les oppresseurs qu'elle avait consacrés vissent d'un œil tranquille se former et se développer une véritable doctrine d'égalité et de fraternité. A peine les Albigeois et les Vaudois, vrais apôtres du Christ, martyrs de la cause des peuples,

(1) Michelet, *Mémoires de Luther*, tome I.

furent-ils écrasés par la ligue du pape et des rois, qu'un nouvel orage s'éleva contre l'Église du fond de la Bohême.

Alors apparaissent devant le concile de Constance et dans les champs de bataille de l'Allemagne les grandes figures de Jean Hus et de Jean Ziska. Les Hussites s'étaient levés au nom du principe de l'égalité ; ils périrent pour avoir proféré trop tôt ce cri qui devait rallier tous les pauvres, tous les faibles, tous les opprimés : « *La coupe au peuple !* »

A Jean Hus succéda Luther, un moine puissant, qui crut avoir tout fait pour l'humanité en combattant la corruption romaine, en proclamant le droit de libre examen. Selon Luther, l'infaillibilité de l'Eglise, l'autorité spirituelle, n'étaient que mensonge ; tout devait céder devant le sentiment individuel : « Je résisterai, moi seul (1) ! s'était écrié le fougueux réformateur. Mais lorsque ce signal de la résistance au mal, éclatant comme un coup de tonnerre au-dessus des fronts péniblement courbés sous la glèbe, eut réveillé le peuple des campagnes et lui eut mis le fer à la main, lorsque Thomas Münzer eut soulevé tous les serfs d'Allemagne en leur disant : « Nous sommes tous frères, tous fils d'Adam ; est-il juste que les uns meurent de faim tandis que les autres regorgent de richesses ? » alors on vit l'implacable adversaire de Rome se liguer avec les rois et les princes pour écraser les paysans.

(1) « Resistam eis ego unus. » *Omnia opera Lutheri*, tom. I.

# XIII

## Deux doctrines issues de l'individualisme et du socialisme.

A la suite de la réformation, les idées reprirent leur essor. Le dogme de la liberté eut de nombreux adeptes ; la doctrine du libre examen, inaugurée par Luther dans le monde religieux, pénétra les philosophes. On appliqua la méthode analytique aux faits moraux, et Descartes fit *la table rase* de toutes ses croyances, pour les reprendre, les examiner ensuite une à une, et les juger. Des idées, la révolution vint dans les faits. La résistance à l'autorité spirituelle avait été prêchée, par les réformateurs, au nom du droit individuel ; au nom du même droit, les publicistes enseignèrent la résistance à l'autorité temporelle. » Le berger est fait pour le troupeau, et non le troupeau pour le berger, » disaient les politiques du temps (1). » Personne ne naît roi, personne n'est roi par lui-même, personne ne peut régner sans le peuple, » soutenait hardiment le publiciste Hubert Languet (2).

(1) *Mémoires de l'Estat de France*, 1573, tom. II.
(2) Hubert Languet, *Vindicia contra tyrannos.*

Mais une autre doctrine se forma en même temps, fondée sur des principes plus larges, plus conformes à la morale du Christ, plus féconds aussi, car ils ne s'arrêtaient point à l'individu, ils embrassaient l'humanité entière. Tandis que les champions du droit individuel devenaient chaque jour plus audacieux et plus puissants, les apôtres de la fraternité passaient presque inaperçus. Un des premiers écrivains de cette école fut la Boëtie, l'ami du sceptique Montaigne ; voici ce qu'il écrivait :

« S'il n'y a rien de clair et d'apparent dans la nature, et en quoi il ne soit pas permis de faire l'aveugle, c'est cela que nature, le ministre de Dieu et la gouvernante des hommes, *nous a tous faits de mesme forme*, et, comme il semble, *à mesme moule*, afin de nous entreconoistre tous pour compagnons ou *plustost comme frères ;* et si, faisant le partage des présents qu'elle nous donnoit, elle a fait quelques avantages de son bien, soit au corps ou à l'esprit, aux uns plus qu'aux autres, si n'a-t-elle pourtant entendu nous mettre en ce monde comme dans un camp cloz, et n'a pas envoyé icy-bas les plus forts et les plus advisez comme des brigands armez dans une forest pour y gourmander les plus faibles ; plustost faut-il croire que, *faisant ainsi aux uns les parts plus grandes, et aux autres plus petites, elle voulait faire place à la fraternelle affection*, affin qu'elle eust à s'employer, ayant les uns PUISSANCE *de donner ayde*, et les autres BESOIN *de le recevoir.* (1) ».

N'est-ce point la morale la plus pure qui soit sortie de la bouche des philosophes, la vraie morale du C¹ t, celle qui justifie l'inégalité des fortunes par le *devoir* incombant au *Puissant* de donner aide à ceux qui ont

(1) *Discours de la servitude volontaire.*

*besoin* de le recevoir ? Rêver l'égalité absolue des conditions est chose assez facile ; l'on ne s'en fait guère faute dans les théories contemporaines. Mais, combiner l'inégalité des fortunes avec l'inégalité des devoirs, c'est le véritable but que doivent se proposer les politiques et les philosophes modernes, s'ils ne veulent s'exposer à se perdre dans les abîmes de l'absolu.

Aujourd'hui les *devoirs* sont en raison INVERSE de la *puissance*.

« Plus un homme est *puissant*, moins il *doit* à la société. » Ai-je besoin de développer cette proposition ? Le riche qui paye mille francs d'impôts, et qui a dix mille livres de rente, donne-t-il autant que le pauvre qui abandonne à l'état un bon tiers de son salaire en impositions directes ou indirectes ? Le riche qui s'affranchit du recrutement pour quelques centaines de francs, donne-t-il autant que le pauvre qui va végéter sept ans dans les casernes ou périr sur le champ de bataille ? Y a-t-il proportion dans ce que *peut* le riche et dans ce qu'il *donne ;* dans ce que *donne* le pauvre et dans ce qu'il *peut ?*

Il s'agit donc de poser la question dans ses véritables termes, et de dire :

« Les *devoirs* sont en raison DIRECTE de la *puissance.* » Alors la question sera toute résolue. Le rôle de l'Etat, servant d'intermédiaire et de législateur entre le fort et le faible, se bornera à combiner sagement les devoirs de ceux *ayant puissance de donner aide,* avec les droits de *ceux ayant besoin d'en recevoir.*

Ici je rencontre un homme qui a joué un grand rôle dans l'histoire de l'affranchissement de l'esprit humain, et dont on parle encore beaucoup, mais qu'on a mal apprécié : c'est Rabelais. On l'a mal jugé parce qu'on l'a peu lu ; on l'a peu lu parce qu'il est difficile à lire (1). Pour le lecteur superficiel, le livre de Rabelais est une épopée bouffonne, spirituelle, souvent licencieuse, parfois incompréhensible, écrite avec une verve railleuse qui n'a jamais été égalée. Cependant, pour celui qui se reporte au temps où vivait Rabelais, c'est autre chose. Le *bon* curé de Meudon, en écrivant la vie *très-horrifique du grand Gargantua* et *de Pantagruel*, savait parfaitement ce qu'il faisait. De son temps, on brûlait les hérétiques et on pendait les révolutionnaires. Or, le savant docteur de Montpellier était essentiellement hérétique et révolutionnaire. Vivant au milieu de la cour dissolue de Louis XII et de François Ier, sous l'œil soupçonneux et vindicatif de la cour de Rome, il s'abritait derrière le voile de la licence et de la bouffonnerie, derrière les priviléges d'une imagination vagabonde, pour dire la vérité aux rois, aux prêtres et au peuple. Ses critiques, sous une forme vive, plaisante, originale, quelquefois libre jusqu'à l'obscénité, allaient toujours droit au but. L'Eglise romaine, dont il dévoilait la corruption, les turpitudes et les méfaits, sentait l'aiguillon, et cherchait à écraser le moine audacieux ; mais celui-ci savait toujours trouver un appui auprès des seigneurs dont il se moquait, auprès des rois dont il censurait la prodigalité et les vices (2).

---

(1) Voir l'édition *Variorum* de MM. *Eloi Johanneau et Esmangart*, Paris, 1823, 9 vol. in-8°. C'est la seule qui puisse donner une idée complète et vraie de la valeur de cet ouvrage. Ces consciencieux commentateurs ont travaillé douze ans à cette œuvre remarquable sous tous les rapports.

(2) Voir les admirables et touchantes pages de M. Michelet. (*Hist. de la Rév. Française*, tome Ier : « Les Penseurs. »

L'éducation du jeune prince Gargantua, qui consomme en un jour le revenu d'une province entière, est une allusion transparente aux excès d'une cour somptueuse, où les largesses se font aux dépens du peuple, et une critique excellente de l'enseignement d'alors. L'épisode des *chicquanous* (plaideurs), qui viennent se faire battre pour de l'argent ; le chapitre qui montre *comment les chats fourrés* (les juges) *vivent de corruption ;* celui qui a pour titre : *Comment, par la vertu des décrétales, est l'or subtilement tiré de France en Rome ;* enfin le voyage de Pantagruel *en l'isle des Apedeftes à longs doigts et mains crochues* (chambre des comptes), où l'on trouve mille petits *pressouers* produisant de *l'huile d'or,* sont des satires mordantes contre la rapacité des plaideurs et la corruption de la magistrature, contre la cupidité de la cour de Rome et contre les exactions de l'impôt, qui « pressure les champs, les vignes et les forêts pour en faire sortir les dîmes, amendes, emprunts, casuels, dons et offrandes. »

Mais Rabelais ne s'est pas contenté de censurer les travers et les vices de son temps. Dans maints endroits de son livre, il exprime des sentiments empreints de la morale la plus pure, sans abandonner pourtant la forme particulière qu'il a adoptée, mais à laquelle il nous engage lui-même (1) de ne point nous arrêter. Le trait le plus saillant peut-être du livre de Rabelais, c'est

(1) « Pour autant que vous, mes bons disciples... jugez trop facilement n'être au dedans (de ce livre), traité que moqueries, folatreries et menteries joyeuses : vu que l'enseigne extérieure, c'est le titre, sans plus avant enquérir, est communément reçue à dérision et gaudisserie. Mais, par telle légèreté ne convient. estimer les œuvres des humains : car vous-mèmes dites que *l'habit ne fait pas le moine.* » *Gargantua,* prologue.

le passage où il développe le principe de la solidarité humaine, avec une simplicité admirable, avec une force de logique irrésistible. Il cache, comme toujours, l'idée philosophique sous une proposition vulgaire, et visant en apparence au paradoxe. Panurge cherche à l'excuser d'avoir fait des dettes (1).

« Mais, demanda Pantagruel, quand serez-vous hors de dettes ? — Ès calendes grecques, répondit Panurge, lorsque tout le monde sera content et que serez héritier de vous-même..... Il n'est débiteur qui veut ; il ne fait créditeur qui veut. Et me voulez débouter de cette félicité soubeline (*souveraine*), vous me demandez quand serai hors de dettes ? Bien pis y a, je me donne à saint Babolin, le bon saint, en cas que toute ma vie je n'ai estimé dettes être comme une connexion et colligence (*lien*) des cieux et terre ; un entretenement unique de l'humain lignage (je dis sans lequel bien tôt tous humains périraient) : être, par aventure, cette grande âme de l'univers, laquelle, selon les académiques, toutes choses vivifie... un monde sans dettes ! Là entre les astres ne sera cours régulier quelconque ; tous seront en désarrois... La lune restera sanglante et ténébreuse : à quel propos lui départirait le soleil sa lumière ? Il n'y serait en rien tenu. Le soleil ne luira sur leur terre ; les astres n'y feront influence bonne, car la terre désistait leur prêter nourrissement par vapeur et exhalaison. Entre les élémens ne sera symbolisation, alternation ni transmutation aucune, car l'un ne sera réputé obligé à l'autre...

(1) *Pantagruel*, liv. III, ch. III. Je n'ai point cru devoir conserver l'ancienne orthographe. Ce n'est pas la forme qui nous tient ici, c'est le fond.

» Entre les humains, l'un ne sauvera l'autre : il aura beau crier à l'aide, au feu, à l'eau, au meurtre, personne n'ira à son secours. — Pourquoi ? — Il n'avait rien prêté ; on ne lui devait rien... Bref, de cestuy monde seront bannis foi, espérance, charité : car les hommes sont nés pour l'aide et secours des hommes. Au lieu d'elles succéderont défiance, mépris, rancune, avec la cohorte de tous maux, toutes malédictions, toutes misères !... Les hommes seront loups ès (aux) hommes. »

Après avoir cité ces lignes vraiment éloquentes, ne pourrions-nous pas dire avec La Bruyère ? « Là où Rabelais est bon, il va jusqu'à l'exquis et à l'excellent. »

Mais jusqu'ici nous n'avons vu que lutte, désirs et aspirations généreuses. Nous sommes demeurés dans la philosophie purement spéculative. A la fin de ce seizième siècle, nous allons rencontrer les idées d'émancipation résumées et soumises à un système. C'est encore un moine, un hérétique, qui va commencer cette série de novateurs qui tous ont cherché dans une formule absolue, dans un système exclusif, la solution du problème qui nous occupe, mais ne l'ont point encore trouvée. Apôtres de l'égalité et de la fraternité, leur moment n'était point venu. Luther et Calvin et les mille sectes du protestantisme combattaient pour la liberté au sein de l'Eglise ; Montaigne, Erasme, les philosophes et les publicistes qui suivirent combattaient pour le même principe, au sein de la politique. Liberté d'examen, disaient les premiers ; souveraineté de la raison, abolition des priviléges, égalité politique, disaient les autres. Au milieu de cette lutte acharnée, les philosophes socialistes passaient presque inaperçus.

Thomas Campanella, moine dominicain, natif de la Calabre, crut pouvoir réaliser « sur la terre un prélude du paradis. » Il publia sa *Cité du Soleil, ou idée d'une République philosophique* (1), et il ourdit une formidable conspiration, où trempèrent plus de deux cents moines et deux ou trois évêques. Elle devait inaugurer à Naples la cité nouvelle. La conspiration échoua, mais le livre nous reste. Comme on se l'imagine aisément, la république idéale était soumise à un pouvoir théocratique. Le chef suprême est le *métaphysicien* par excellence. Il représente l'identité absolue du Dieu des Panthéistes, il est la *loi vivante*. L'organisation de la société a pour but l'amélioration *physique, intellectuelle et morale* de l'espèce humaine. La propriété individuelle est détruite. L'instrument de travail appartient à qui sait s'en servir. Chaque individu ne consulte que ses goûts, sa vocation dans le choix de ses travaux et de ses études. Au milieu de beaucoup d'erreurs et de quelques bonnes idées, on rencontre, dans l'utopie de Campanella, une particularité qu'explique aisément la profession de l'auteur : le *moine*, être incomplet, ne comprenant pas les joies, les bienfaits et la haute moralité de l'institution de la famille, la supprimait.

Nous retrouverons plus tard Campanella dans Babœuf, Fourier, Saint-Simon.

(1) Voir l'excellente traduction de M. Villegardelle. Paris, 1841.

# XIV

## La révolution.

Depuis Campanella jusqu'à 1789, les deux doctrines nées de l'individualisme et du socialisme poursuivent leur lutte contre le privilége. Les champions de la liberté sont nombreux, hardis, ils deviennent de jour en jour plus puissants. Ils ont avec eux des grands seigneurs, des hommes d'état, et toute cette formidable école philosophique qui aboutit à Voltaire. Ils portent aux débris encore debout de l'édifice féodal, à la monarchie elle-même, des coups multipliés, terribles. C'est à eux qu'est dévolue la mission de renverser et de détruire. Ils ne failliront pas à leur tâche.

Les apôtres de l'égalité et de la fraternité, les utopistes sauront-ils élever sur les ruines du passé qui s'ébranle et croule de toutes parts les fondements d'un monde nouveau? Nous ne le croyons pas. Absorbés dans l'idéal, renfermés dans les limites infranchissables d'un système absolu, complétement étrangers au milieu dans lequel ils vivent, tout leur travail se borne à poser des principes admirables, sur lesquels ils construisent des systèmes impraticables. C'est Thomas Morus, chancelier d'Angleterre, qui termine sa patriarchale utopie en la déclarant *impossible*. C'est Morelly cherchant une situation dans laquelle l'homme ne puisse être *ni dépravé ni méchant*, et aboutissant à la communauté des biens et à l'établissement d'une immense maison commune. C'est l'abbé de Mably, proclamant, avec Jean-Jacques Rousseau, ce principe de Morelly : que si les hommes sont *inégaux en facultés et en besoins*, ils sont *égaux en droit*, mais pour aboutir encore au communisme.

Avant que la révolution de **1789** n'eût laissé le champ libre à toutes les idées, à tous les systèmes, les deux écoles furent rarement mises en présence. Chacune accomplissait, dans sa sphère, la tâche qu'elle s'était imposée. L'individualisme, avec une puissance de logique irrésistible et un immense talent, sapait le privilége féodal jusque dans ses fondements. Les socialistes, armés d'un esprit de critique plus hardi, pénétraient plus au fond des choses et cherchaient à détruire le mal en l'attaquant dans sa véritable source.

En définitive, le mal était, pour les deux écoles, dans l'inégalité résultant du maintien des anciens priviléges, de la perpétuation des abus, de l'énorme disproportion des fortunes. « Abolition des priviléges, liberté absolue, *laissez faire*, *laissez passer*, disaient les défenseurs de l'individualisme. Qu'on nous laisse libres dans la carrière, que *Dieu reste neutre*, et chacun pour soi. » « Livrer l'espèce humaine aux hasards d'une lutte de tous les instants, c'est vouloir perpétuer le mal, disaient à leur tour les socialistes. La guerre ne peut produire la paix, pas plus que l'ordre ne peut naître du désordre. Tout harmonie dans la nature, tout doit être harmonie dans la société humaine. Associons, combinons nos forces;

formons une grande famille où tous les hommes seront
égaux et frères, et alors tous les hommes seront
heureux. »

De ces deux écoles, la dernière avait sur l'autre
une évidente supériorité. Ses intentions étaient pures,
ses principes excellents. Mais quand elle arrivait à conclure, elle retombait invinciblement dans la communauté absolue; aussi, le public confondait-il souvent
dans la même réprobation le système impossible et les
bons principes qui l'avaient inspiré.

Si la révolution inaugura le règne de l'individualisme,
ce ne fut qu'après avoir vaincu les tentatives impuissantes des disciples du socialisme. — Dès les premiers
jours, en effet, le principe de la liberté triompha et s'en-
toura de débris et de ruines. Plus de titres, plus de
priviléges, plus de barrières, plus de corvées, plus de
jurandes, plus de maîtrises; égalité des charges, égalité
d'aptitude aux emplois, tels furent les premiers exploits
de la révolution. La joie fut universelle, la confiance
était immense. Plein de foi dans les promesses de la
philosophie et des publicistes du dix-huitième siècle,
chacun croyait que la liberté du commerce, la liberté de
l'industrie, la liberté du travail suffiraient pour assurer
le bonheur de tous, pour éviter le retour des souffrances
passées. L'extrême inégalité des fortunes, source de
tous les maux, se cachait autrefois derrière les titres et
les priviléges de la caste nobiliaire. Il n'y avait plus ni
nobles ni priviléges, et on crut qu'il n'y aurait plus ni
souffrances ni misères. Les hommes de la Montagne
avaient entrevu cette erreur; mais, occupés à se défendre
contre les formidables attaques de la bourgeoisie, ils
tombèrent avant d'avoir pu rien édifier.

Avec la libre concurrence, avec ce fantôme menteur

d'égalité politique revinrent bientôt tous les maux, tous les déchirements causés par l'inégalité des fortunes.

Qu'était-ce, en effet, que la constitution de la féodalité, sinon l'inégalité des fortunes érigée en loi politique?

Les seigneurs *ont tout*, *mangent tout*, *prennent tout*, disait Jacques Bonhomme au treizième siècle; de quel droit? — Du droit du plus fort; ne sont-ils pas les seigneurs et maîtres de la terre?

Les riches *ont tout*, *gagnent tout*, *peuvent tout*, disent les travailleurs au dix-huitième siècle; de quel droit? — Du droit du plus fort; ne sont-ils pas les seigneurs et maîtres du capital?

Ainsi la chose restait, on n'avait changé que le nom.

Cependant, nous devons le dire, si le problème de la misère, si le problème du travail resta le même après la révolution de 1789, nous n'en devons pas moins à cette époque de précieuses conquêtes, conquêtes nécessaires, indispensables pour arriver à la solution progressive et pacifique de ces mêmes problèmes. Liberté de la pensée, liberté de la parole, liberté de la presse, souveraineté du peuple, tels sont les instruments politiques que nous ont légués nos pères, pour achever dignement l'œuvre qu'ils ont commencée. Sachons nous en servir avec la mesure et la modération qui conviennent à des hommes libres et pleins de confiance dans leurs idées, comme dans leur volonté.

La route est toute tracée devant nous par nos devanciers, nous n'avons qu'à la suivre. L'individualisme a rendu à l'humanité d'immenses services, le socialisme nous apporte des germes féconds. Sachons profiter uns et développer les autres. Conservons la tradition comme un précieux héritage, et que les leçons de l'histoire nous servent à éviter les écueils où tant d'autres ont sombré avant nous.

Le but que la révolution a atteint est donc parfaitement défini ; elle a émancipé l'*individu*, mais qu'a-t-elle fait pour les masses ?

La révolution a décrété que tous seraient aptes à toutes les fonctions : s'ensuit-il que le fils du pauvre, auquel le bénéfice de l'enseignement est refusé par suite de sa pauvreté même, sera apte à remplir les fonctions qui exigent une complète éducation ?

Elle a décrété que tous les citoyens seraient égaux devant la loi : s'ensuit-il que le pauvre pourra se faire rendre justice contre le riche qui l'opprime, quand il faut de l'argent, beaucoup d'argent pour obtenir justice ?

Elle a décrété que tous contribueraient également aux charges de l'Etat : est-ce que le pauvre, qui paye au même taux que le riche des impositions directes et indirectes sur tout ce qu'il consomme, ne paye pas proportionnellement plus que le riche ?

Elle a décrété la liberté du travail : est-ce que l'ouvrier, livré aux vicissitudes de la concurrence, aux accidents du chômage, du rabais de la main-d'œuvre et au despotisme de la faim, est libre de disposer de son travail ?

Elle a décrété que la fortune et les biens de chaque citoyen seraient garantis : est-ce que la fortune et les biens des inventeurs sont garantis contre la concurrence d'un spéculateur plus riche qu'eux et qui peut les ruiner *à coup sûr ?*

En réalité, qu'a donc fait la révolution ? Ce qu'elle a fait, le voici :

Elle a dit à l'*individu :* « Noble ou manant, toutes les fonctions s'ouvrent devant toi ; tu peux y prétendre et y parvenir ; mais ces fonctions exigent des connaissances, et pour les acquérir il faut être riche, donc enrichis-toi. »

Elle a dit : « La loi est la même pour tous, nobles ou manants ; tous sont égaux devant elle ; mais, pour arriver jurqu'à son sanctuaire, il faut de l'argent, que tu n'a pas ; donc enrichis-toi. »

Elle a dit : « L'impôt est égal pour tous ; si tu es pauvre, il sera lourd pour toi ; si tu veux qu'il soit moindre, enrichis-toi. »

Elle a dit : « Le travail est libre ; mais si tu veux profiter de cette liberté, il faut que tu aies des ressources pour traverser les chômages, des ressources pour résister à la concurrence, des ressources pour attendre qu'on te demande et ne pas aller t'offrir ; donc enrichis-toi. »

Elle a dit : « Enrichis-toi, car toutes les carrières sont libres, toutes les voies te sont ouvertes ; mais tu ne t'enrichiras qu'à une triste et fatale condition, c'est que tu ruineras les autres, moins habiles ou moins heureux que toi ! »

—Pour un qui s'élève, mille seront écrasés! telle est la conclusion rigoureuse de l'individualisme incarné dans la révolution de 1789. Doctrine bienfaisante, qui immole mille victimes pour le salut d'un seul ! C'est cette doctrine qui a fait la fortune de la monarchie déchue. Que peut-on demander de plus? s'écriaient les publicistes officiels (1). Les moyens de faire fortune ne sont-ils pas

(1) Voir le discours de M. Thiers à l'Assemblée nationale, à propos de la question *du droit au travail* : on y trouvera cette horrible doctrine développée avec un cynisme incroyable.

à la portée de tout le monde ? ne voyons-nous pas des porteurs d'eau devenir millionnaires ? À l'œuvre donc ! et gloire aux plus heureux ! tant pis pour les vaincus ! Lutte infâme, où se développent tous les mauvais instincts, toutes les passions, toutes les fraudes, tous les mensonges, toutes les lâchetés ; lutte horrible, qui fait triompher un spéculateur heureux sur les cadavres de quelques milliers de travailleurs exténués !

Quel est donc, en définitive, le fait qui est sorti de la révolution de 1789 ? c'est le triomphe de l'*individu*, de quelque lieu qu'il sorte, des rangs de la noblesse, de la bourgeoisie, ou du prolétariat. S'il est assez habile, assez heureux ou assez fripon pour s'enrichir, tous les avantages sociaux sont pour lui. Mais tout le monde ne peut s'enrichir ; celui qui parvient à la fortune, c'est l'exception, la rare exception ; donc la *masse* est sacrifiée à l'*individu*.

Cela doit-il être ? Nous répondrons : Non ; et nous ne serons pas seul à répondre.

# XV

## Impuissance des sectes modernes.

L'inégalité des fortunes, voilà donc où aboutit le triomphe de l'individualisme proclamé par la révolution de 1789; l'inégalité des fortunes, c'est-à-dire corruption chez les riches par le luxe, corruption chez les pauvres par la misère. Est-ce là, pour une nation, un état normal, et doit-on regarder le monde ainsi constitué comme le meilleur des mondes possibles? Evidemment non. Et c'est ce qu'ont pensé les socialistes modernes, qui, voyant les fruits amers que portait cette révolution, ont cherché à donner une application logique aux grands principes qu'elle avait proclamés.

Malheureusement, frappés de l'exagération de la doctrine individualiste, ils ont apporté dans le socialisme la même exagération. Babœuf, Saint-Simon, Fourier, et les sectes contemporaines, comme Campanella et ses imitateurs, ont cru, pour détruire le mal, devoir ' ∙ leverser la société de fond en comble, comme s'il était possible de soumettre un état social qui date de dix-huit siècles à toutes les évolutions enfantées par un es-

prit systématique, quelque ingénieuses qu'elles soient.
Condamnées à rester à l'état de théories spéculatives,
les différentes sectes communistes n'en ont pas moins
rendu d'importants services. Si l'on veut débarrasser
leurs travaux de l'empirisme qui les discrédite, on y
trouve, chose remarquable, tout ce qui a été dit de plus
sensé et de plus logique sur les problèmes dont nous
cherchons la solution. Nul n'a mieux apprécié l'esprit
de la révolution, nul n'a mieux approfondi les souffrances de l'état actuel. Cependant, lorsqu'ils ont voulu apporter un remède au mal, qu'ils avaient si bien étudié,
ils ont échoué. Pourquoi? Le voici :

Lorsqu'un médecin est appelé au lit d'un malade,
son premier soin est d'analyser les symptômes du mal,
d'en rechercher les causes, de porter enfin le *diagnos-*
*tic*. La nature du mal une fois définie, applique-t-il
aveuglément la formule qui, d'après les préceptes de la
science, est destinée à le combattre? Non, certes : s'il
agissait avec cette témérité, il s'exposerait à tuer le malade au lieu de le guérir. Il lui reste à étudier la constitution du sujet pour ordonner les remèdes qui conviennent le mieux à son tempérament. On n'applique
pas aux organisations nerveuses le même traitement
qu'aux tempéraments lymphatiques, bilieux ou sanguins,
et réciproquement.

Eh bien, il en est de même d'une société. Vouloir
opposer aux maux qu'elle endure des remèdes qui ne
sont en rapport ni avec ses mœurs, ni avec ses habitu-
des, ni avec les éléments moraux qui la constituent,
c'est tenter l'impossible, c'est vouloir, avec la certitude
d'y réussir, faire échouer les meilleures intentions. C'est
pourtant ce qu'ont fait les sectes communistes. Elles
ont prêché la communauté des biens à une société qui

venait de conquérir son indépendance individuelle par le morcellement de la propriété ; et les petits propriétaires, ceux qui ont le plus à souffrir de l'inégalité des fortunes, ont été les premiers à se lever contre eux. En voulant tirer le pauvre des mains qui l'oppriment, ils ont resserré les liens qui le tiennent captif. En voulant imposer l'idéal qu'ils avaient conçu, ils se sont compromis dans l'esprit du peuple, et ils ont compromis sa véritable cause avec eux. Etrange orgueil de l'esprit humain, de prétendre réaliser en un jour le bien absolu, l'ordre éternel, l'harmonie universelle, c'est-à-dire faire plus que n'a fait Dieu lui-même ! Cependant il n'entre point dans ma pensée de jeter l'anathème sur ces hardis novateurs qui, forts de la pureté de leurs intentions, hasardent les théories les plus aventureuses. Ce ne sont point là des hommes ordinaires, ce ne sont point des fous qu'il faille bâillonner, ce sont souvent des prophètes de l'avenir qu'il faut regarder avec respect ; car, dans les théories les plus étranges, il se trouve toujours des étincelles resplendissantes qui doivent servir de flambeau à l'humanité. La société qui les porte dans son sein sait, tôt ou tard, découvrir, au milieu des erreurs qui les enveloppent, les bonnes pensées à suivre, les bonnes idées à réaliser. A ces philosophes le vaste champ de la spéculation, de l'enseignement et de la discussion. Dans un système purement théorique, une erreur à réfuter ne coûte que quelques pages ; mais, dans le domaine de l'application, l'erreur la plus innocente fait des milliers de victimes ! Là quelques gouttes d'encre suffisent ; ici, quelquefois, il faut du sang

Les idées sociales, quelle que soit la forme qu'elles révèlent, quelle que soit leur mesure, sont persécutées aujourd'hui par un parti qui n'accepta jamais franche-

ment les principes de la démocratie : aussi me garde-
rai-je bien de joindre ma voix à la sienne pour justifier
une injuste oppression. Je sais qu'on veut envelopper
dans le même arrêt de proscription tout sentiment généreux, toute idée démocratique, et qu'on veut pousser
le peuple à sacrifier lui-même ses défenseurs et ses
amis. Je sais aussi que des circonstances fatales prêtent
un appui formidable à ce complot sacrilége; mais la
Providence veille sur les destinées de notre nouvelle
République, et si la force brutale est incapable de faire
triompher une erreur, elle est aussi impuissante à comprimer l'essor de la vérité.

# XVI

## Résumé.

Nous avons posé deux questions en commençant ce livre, laissant à l'histoire le soin de les résoudre.

Nous nous sommes demandé :

1° Dans une société civilisée, tout homme a-t-il le droit *de vivre en travaillant ?*

En d'autres termes, l'état qui protége la vie du citoyen contre l'assassinat doit-il la protéger aussi contre la faim ? L'état qui protége la propriété contre le vol doit-il protéger le travail contre le monopole ?

2° La solution de cette question, qui résume la révolution sociale de février, aboutit-elle fatalement au communisme, c'est-à-dire à la concentration des propriétés et des instruments de travail entre les mains de l'état ?

Nous avons consulté la société antique, et la Religion qui la résume nous a répondu par la bouche de Zoroastre, le plus ancien des philosophes et des législateurs.

« Le monde est partagé entre Ormudz, le génie du

Bien, et Arhiman, le génie du Mal. Le premier méfait d'Arhiman est la production de *la souffrance de pauvreté.* C'est donc la pauvreté qu'il faut combattre, si nous voulons que le Bien triomphe du Mal. »

Nous avons consulté les philosophes et les législateurs chinois, et ils nous ont répondu :

« Le premier devoir d'un gouvernement c'est *d'assurer le nécessaire à tous.* »

« La Raison du Ciel ôte le *superflu* à ceux qui ont trop, et elle vient en aide à ceux qui *manquent du nécessaire.* »

« Agis envers les autres comme tu voudrais qu'ils agissent envers toi-même. »

« Tous les hommes sont faits de la même argile. »

Nous avons consulté la loi du peuple de Dieu, et Moïse nous a répondu :

« Tu réserveras pour le pauvre et l'étranger le bout de ton champ de blé, le grappillage de ta vigne. »

« Si ton frère est dans la peine, tu lui prêteras aide et assistance. »

Nous avons consulté les législateurs de la Grèce antique, et ils nous ont répondu :

« Les deux plus grandes et les deux plus anciennes maladies des empires sont la *richesse* et la *pauvreté.* Et nous les avons vus combattre la Richesse et la Pauvreté comme étant la source de tous les maux. »

Nous avons consulté les philosophes de la Grèce antique, et ils nous ont répondu :

« Il y a deux choses que nous proscrirons avec soin de notre état idéal, l'*opulence* et la *pauvreté.* »

« Ce qui conserve un état, c'est la *réciprocité des services; cette* réciprocité doit exister entre gens *libres et égaux.* »

Nous avons consulté l'histoire de Rome, et elle nous a montré le peuple luttant pendant quatre siècles pour détruire la *souffrance de pauvreté,* que les patriciens perpétuaient à dessein. Nous avons vu périr et les patriciens corrompus par leurs richesses, et les plébéiens corrompus par leur pauvreté.

Nous avons consulté la Religion chrétienne, et le Christ nous a répondu :

« Riches, vendez vos biens et les distribuez à tous suivant le besoin de chacun. Il n'y a point de pauvres parmi nous. »

Et nous avons vu les serviteurs officiels du Christ altérer ses propres paroles pour faire de la religion de fraternité un instrument d'oppression.

Et les hérétiques, rappelant les vrais principes, porter à l'Eglise corrompue par ses richesses et ses vices des coups dont elle ne se relèvera jamais.

Nous avons consulté l'histoire de la féodalité, et elle nous a montré le peuple, condamné au servage de la pauvreté, travaillant pendant huit siècles pour conquérir le droit de posséder et de vivre.

Nous avons consulté l'histoire de la Révolution, et elle nous a montré le peuple, délivré du despotisme féodal de la propriété territoriale, retombant sous l'oppression d'un despote nouveau, le Capital.

Ainsi, partout la pauvreté est regardée comme le plus

grand de tous les maux ; non point cependant comme un mal nécessaire, mais comme un mal inhérent à l'humanité, mais comme l'ennemi de la félicité publique, contre lequel doivent être dirigés nos travaux de chaque jour.

Au milieu de toutes les religions de la terre, de tous les philosophes, de tous les législateurs du monde, le catholicisme seul admet la *souffrance de pauvreté* comme un mal inévitable et devant lequel il faut se résigner. Doctrine funeste qui a servi d'excuse à tous les égoïsmes, qui a couvert toutes les lâchetés, qui a toléré toutes les oppressions, qui a justifié toutes les injustices. Doctrine frauduleuse, issue d'un mensonge, et qui est une insulte permanente au Dieu qu'elle adore.

Supprimant un mot dans cette parole de Jésus : « Mon royaume n'est pas ENCORE de ce monde, » le catholicisme a tout permis, tout approuvé. Avec lui, le christianisme a cessé d'être ce que Jésus-Christ l'avait fait, la ressource du pauvre, la consolation de l'opprimé ; il est devenu le complice de tous les fripons, de tous les oppresseurs et de tous les bourreaux.

La souffrance de pauvreté est donc la plus grande et la plus ancienne maladie de l'humanité. Aussi, à tous les âges du monde, dans toutes les contrées de la terre, voyons-nous les peuples, les religions, les philosophes, les législateurs, les hommes d'état, lutter avec plus ou moins d'énergie et de succès contre cette lèpre dévorante, que l'opulence béate de l'Eglise catholique a seule le triste courage de consacrer.

Mais ce mal, où prend-il sa source ? L'histoire nous le dit.

Consultez les religions qui se partagent les croyances

du Monde, ouvrez les livres des philosophes, étudiez les travaux des législateurs, recherchez les causes de la décadence de tous les peuples qui ont laissé des traces de leur passage sur cette terre, cherchez à soulever le voile qui couvre la conscience de l'humanité, partout vous recevrez la même réponse. Interrogez les prêtres de l'Orient, les philosophes de la Chine, les lois de Moïse, les législateurs de la Grèce et ses philosophes, le peuple de Rome et ses tribuns, la religion du Christ et ses véritables apôtres, interrogez le moyen âge et le 18ᵉ siècle, interrogez la Révolution française et les faits contemporains, la même lumière jaillira de tous les faits, la même réponse sortira de toutes les bouches :

« Que la richesse disparaisse, et la pauvreté est abolie (1). »

C'est de l'inégalité des richesses qu'est issue la pauvreté ; c'est à détruire l'inégalité des richesses que se sont attachés les religions, les philosophes et les législateurs de tous les âges. Nous avons rapidement parcouru leurs travaux, nous avons assisté de loin aux batailles qu'ils ont bravement livrées à l'esprit du mal. La question est-elle donc insoluble, et faut-il revenir à cette morne résignation prêchée par les prélats catholiques vivant au sein du luxe et de l'opulence?

Désespérer de l'avenir de l'humanité, c'est nier la Providence.

Qu'ont fait nos prédécesseurs pour faire disparaître la souffrance de pauvreté?

Les religions primitives de l'Orient ordonnaient le travail de la terre.

(1) *Tolle divitem, et non invenies pauperem. Liber des divitiis*, attribué au pape Sixte III.

La religion de la Chine ôtait le superflu aux riches pour donner le nécessaire aux pauvres.

Les législateurs de la Grèce, les fondateurs de Rome partageaient les terres entre tous les citoyens.

Les philosophes grecs poussaient les uns à la communauté complète et absolue, d'autres à une communauté mitigée, d'autres enfin commencent à établir une distinction salutaire entre la propriété commune et la propriété privée, l'une complétant l'autre.

Le christianisme, ses premiers apôtres, et, après eux, les hérétiques, glorifient la pauvreté et prêchent aux riches de partager leurs biens avec les pauvres, suivant le besoin de chacun.

L'Eglise catholique ordonne de souffrir en silence et de songer au paradis.

Le moyen âge conspire la ruine des priviléges, l'émancipation de l'individu, la liberté absolue du travail; quelques philosophes rêvent encore la communauté des biens.

La révolution accomplit ce que le moyen âge et les temps qui suivirent avaient préparé et assuré, le triomphe de l'individualisme.

Et personne n'a encore découvert la véritable solution du problème, ou plutôt tous l'ont trouvée, car leurs travaux nous y conduisent directement.

De ce qui précède, nous sommes amenés à conclure :
Que de tous temps l'excès de la richesse et l'excès de la pauvreté ont causé la ruine des nations;

Que de tous temps les peuples ont cherché à faire

disparaître de leur sein le mal de la pauvreté, c'est-à-dire d'assurer le nécessaire à tous les citoyens ;

Qu'aucun des moyens employés ou indiqués pour détruire l'inégalité des richesses et supprimer la pauvreté n'a offert de chances de succès.

Cependant le germe se trouvait chez tous, mais il a été étouffé, parce que la question a toujours été mal posée.

# XVII

## Conclusion.

Les philosophes de l'Orient ont dit :

« Pour qu'il n'y ait plus ni riches ni pauvres, ôtons le superflu aux uns, pour donner le nécessaire à ceux qui ne l'ont point. »

Moïse a dit :

« Pour qu'il n'y ait plus ni riches ni pauvres, partagez la terre promise, et qu'à chaque jubilé les choses entrent dans leur état primitif. »

Le Christianisme a dit :

« Pour qu'il n'y ait plus ni riches ni pauvres, faisons vœu de pauvreté et soyons tous pauvres. »

Lycurgue et les anciens législateurs de la Grèce ont dit :

« Pour qu'il n'y ait plus ni riches ni pauvres, partageons également tous les biens entre les citoyens.»

Socrate, Platon, tous les communistes avec eux, ont dit :

« Pour qu'il n'y ait plus ni riches ni pauvres, mettons tout en commun. »

La révolution française et les économistes ont dit :

« Pour qu'il n'y ait plus ni riches ni pauvres, décrétez la liberté absolue du travail ; *laissez faire, laissez passer.* »

Nous ne poserons point la question en ces termes, mais nous dirons :

Il ne s'agit point de savoir s'il y aura toujours des riches et des pauvres.

Il s'agit d'arriver à ce qu'il n'y ait plus ni oppresseurs ni opprimés, ni exploitants ni exploités.

Et pour cela, il ne faut point enlever la richesse à ceux qui l'ont, ni partager les biens, ni les mettre en communauté ; il suffit d'ôter à l'inégalité des richesses ce qu'elle a de nuisible (1).

Or, en quoi consiste le mal produit par l'inégalité de richesses ?

Ce n'est point en ce que les uns ont plus de jouissances que les autres. Que m'importe, à moi, que mon

(1) Voltaire, que l'on n'accusera point d'arrière-pensée communi socialiste, disait : « La trop grande inégalité des richesses est la conséquence NON DU DROIT DE PROPRIÉTÉ, *mais de mauvaises lois.* » OEuvres complètes, t. 41, édition de 1785.

riche voisin ait château, chevaux et voitures, si je puis, par mon travail, me procurer le *nécessaire;* si, délivré de ce joug qui pèse sur tous les travailleurs, je ne suis point obligé de sacrifier ma santé, mon intelligence, pour assurer mon pain quotidien, et si je puis enfin prendre sur un travail d'une durée normale les heures nécessaires pour profiter de cet enseignement que l'État me doit? Je suis libre comme le riche, citoyen comme lui, son égal sous tous les rapports; que m'importe, encore une fois, la finesse de son drap et la coupe de ses habits?

Le mal produit par l'inégulité des fortunes ne réside donc point dans l'inégalité des jouissances, qui ne peut inspirer que de mauvais sentiments, la cupidité ou l'envie. Mais l'inégalité des fortunes ne consiste pas seulement dans l'inégalité des jouissances, elle suppose aussi la possession exclusive d'un capital productif.

Voilà la source de tout le mal.

Ce capital n'est pas seulement un moyen de se procurer des jouissances, c'est aussi le signe du crédit, c'est donc un instrument de travail. Or, comme cet instrument est exclusivement possédé par les riches, il constitue par conséquent un monopole, monopole auquel sont soumis tous les travailleurs qui sont obligés d'acheter, par un intérêt usuraire ou par des concessions sur leur salaire, l'usage de ce signe du crédit.

Dès lors l'ouvrier se trouve dans la dépendance du capitaliste, et il y a véritablement pauvres et riches, c'est-à-dire pauvres opprimés par les riches.

Il s'agirait donc de soustraire le pauvre à la dépendance du riche en lui refusant ce crédit que le riche lui vend trop cher.

Alors, l'intervention de l'Etat entre les parties devient nécessaire, obligatoire, et je vais essayer de montrer dans quel sens elle doit se produire.

Necker écrivait, il y a plus d'un demi-siècle : (1)

« En arrêtant sa pensée sur la société et sur ses rap-
» ports, on est frappé d'une idée générale qui mérite
» bien d'être approfondie : c'est que presque toutes les
» institutions civiles ont été faites pour les proprié-
» taires. On est effrayé, en voyant le code des lois, de
» n'y découvrir partout que le témoignage de cette vé-
» rité. On dirait qu'un petit nombre d'hommes, après
» s'être partagé la terre, ont fait des lois d'union et de
» garantie contre la multitude, comme ils auraient mis
» des abris dans les bois pour se défendre des bêtes
» sauvages. Cependant, on ose le dire, après avoir éta-
» bli des lois de propriété, de justice, de liberté, *on*
» *n'a presque rien fait pour la classe la plus nombreuse des*
» *citoyens.* Que nous importent vos lois de propriété?
» pourraient-ils dire; nous ne possédons rien. Vos lois
» de justice? nous n'avons rien à défendre. Vos lois de
» liberté? demain, si nous ne travaillons pas, nous mour-
» rons. »

Le véritable esprit de la révolution de 1789 est dans ces lignes remarquables, et c'est la justification complète de la révolution sociale de février. Or, la première révolution a tout fait pour l'individu, et rien pour la multitude; c'est à la république de 18'    le

(1) *Mémoire sur la législation et le commerce des grains.*

compléter son œuvre. Elle le peut sans sacrifier l'individu à la multitude, mais en maintenant un juste équilibre entre l'un et l'autre, c'est-à-dire entre le capitaliste et le travailleur, entre la propriété privée et la propriété commune.

Le capital productif est, par nature, essentiellement hostile aux autres capitaux, ses rivaux, et aux travailleurs, qui représentent aussi un capital productif, celui du travail.

« *Les propriétaires* et *la classe de la nation qui vit de* » *son travail*, ajoute Necker, sont des lions et des ani- » maux sans défense qui vivent ensemble. On ne » peut augmenter la part de ces derniers qu'en trom- » pant la vigilance des autres et en les empêchant de » s'élancer. »

Et cela est vrai ; n'en avons-nous pas aujourd'hui une preuve malheureusement irrécusable dans toutes les discussions de l'Assemblée nationale qui touchent aux droits *de la classe qui vit de son travail?* Le devoir de la république démocratique est donc de faire cesser une lutte sacrilége entre ces deux fractions de l'Etat, qui ne peuvent rien l'une sans l'autre et qu'un isolement réciproque condamnerait à l'impuissance. Il faut donc que l'Etat intervienne, par mesure d'ordre, entre le capital et le travail ; qu'il ne se range point du côté du capital contre le travail ; qu'il ne se coalise point avec le travail pour dominer le capital, mais qu'il tienne entre eux la balance de la justice.

Or, ce n'est point en réglementant l'industrie privée, ce qui serait porter une atteinte funeste à la liberté individuelle proclamée en 1789, qu'il pourra remplir sa mission conciliatrice ; une telle prétention du gouvernement conduirait à une opposition d'un autre genre, irriterait à bon droit les capitalistes et entraverait sérieusement l'essor de la production.

Qu'est-ce qui constitue la puissance du capital ? C'est la misère du travailleur qui est soumis, par la faim, à toutes ses exigences. En admettant le droit au travail, l'ouvrier n'est plus une victime vouée d'avance au sacrifice, il conquiert, lui aussi, son indépendance.

Il ne peut plus dire :

Que m'importent vos lois de propriété ? Je ne possède rien.

Ne possède-t-il pas son travail ?

Que m'importent vos lois de justice ? Je n'ai rien à défendre.

N'a-t-il pas la libre disposition de son travail à défendre ?

Que m'importent vos libertés ? Si je ne travaille pas, demain je mourrai.

Son existence n'est-elle pas assurée par son travail ?

Pour accorder ce *droit au travail*, qui doit faire cesser toutes les dissensions, concilier tous les intérêts, mettre un terme à toutes les injustices, faut-il décréter la communauté des biens, et se heurter contre un obst invincible ? Nous pouvons répondre maintenant : Non.

Il faut se dire ceci :

Le bien ne se réalise pas en un jour, en une heure, par un simple décret. Le bien réside dans les principes et dans le développement progressif de ces principes, dans leur sage application.

Or, nous avons démontré que le principe qui doit transformer la société moderne est celui-ci :

. Abolir l'oppression, résultat fatal de l'inégalité des richesses ; c'est-à-dire, assurer l'existence à tous par le travail, et pour atteindre ce but sans léser aucun intérêt légitime, sans déplacer l'oppression d'une classe pour la transporter dans une autre, MAINTENIR UN JUSTE ÉQUILIBRE entre *le capital et le travail*, entre *la propriété privée et la propriété commune.*

La propriété privée a été émancipée par la révolution de 1789 ; c'est l'individualisme.

La propriété commune n'est encore qu'en germe dans nos institutions ; c'est le socialisme.

Individualisme et socialisme, tels sont les deux aspects sous lesquels doit être considérée l'humanité. La société ne peut pas plus être sacrifiée à l'individu que l'individu à la société. Rousseau disait : « Le pacte social, c'est une forme d'association qui défend et protège de *toute la force commune la personne et le bien de chaque associé* (1). » Cette définition n'a jamais été attaquée. Personne n'eût osé le faire. Eh bien ! que demandons-nous donc ? Nous demandons que l'État défende et protège de toute la force commune *la personne du travailleur et les biens du capitaliste.* Y a-t-il exagéra-

(1) *Contrat Social*, page 21, édition de 1783.

tion ou injustice à réclamer de la République démocratique l'application de cette formule, qui permet à tous, ans distinction, une protection égale?

Maintenant, qu'entendons-nous par propriété commune?

Ce n'est point chose nouvelle parmi nous.

Est-ce que toutes ces constructions occupées par les fonctionnaires de l'État, est-ce que les prisons, les musées, les bibliothèques, les casernes, les fabriques d'armes, les halles, les entrepôts de douanes, les routes, les canaux, en partie ne sont point déjà des propriétés communes? Est-ce que les dépôts de mendicité, les salles d'asile, les écoles d'enseignement public ne sont pas des propriétés communes? Est-ce que les fermes agricoles que l'on vient de voter ne seront pas des propriétés communes? Est-ce qu'enfin le produit de l'impôt n'est pas une propriété commune?

Avant la Révolution, quand le roi pouvait dire : « L'État c'est moi! » tout cela était la propriété du roi. Aujourd'hui c'est la propriété de la nation, c'est-à-dire la propriété de tous, la propriété commune.

Or, cette propriété qui s'est développée sous le despotisme des trois dernières dynasties, doit-elle être définitivement limitée sous le gouvernement démocratique?

Les routes sont devenues propriétés communes; les chemins de fer et toutes les autres voies de tran rt ne devraient-ils pas le devenir aussi?

Le système de mutualité en fait d'assurances contre

l'incendie ne devrait-il pas s'étendre, aux sinistres de tout genre, et à toute la France, sous la direction exclusive de l'État?

Dans chaque industrie, dans chaque ville, on crée des caisses de secours mutuels, institutions impuissantes, parce qu'elles sont renfermées dans un cercle trop étroit; l'État ne pourrait-il pas créer un vaste système de secours mutuels qui développerait parmi les travailleurs le sentiment de la solidarité?

L'État forme des ateliers de travaux publics pour fournir quelque ouvrage aux ouvriers sans travail. Ces travaux ne contribuent qu'à la longue au développement industriel et commercial de la nation, mais ils épuisent le trésor; ne pourrait-il pas créer des colonies agricoles, où l'on appliquerait les bras forcément oisifs à la production d'objets de première nécessité?

Le capital ou l'usure, ce qui est la même chose, ruinent les propriétaires fonciers; l'état ne pourrait-il pas sauver l'agriculture en devenant le banquier du travail agricole?

Le capital opprime les travailleurs, l'État ne pourrait-il pas venir au secours des travailleurs en leur accordant ce crédit, que les comptoirs et les banques fondées ou créés par lui leur refusent? (1)

(1) Je citerai à ce propos, le vœu du conseil d'arrondissement de Muvet (Haute-Garonne) :

« Le conseil renouvelle le vœu qu'il soit créé, sur les ressources dé-
» partementales, un fond de dotation en faveur des communes reconnues
» hors d'état de subvenir à l'entretien de leurs pauvres. Il ajoute *qu'il*
» *verra arriver avec joie le jour où le gouvernememt, par de sages me-*

Toutes ces mesures ne sont indiquées ici, en passant, que pour démontrer surabondamment cette triple proposition :

1° La consécration du droit de tous au travail n'aboutit point au communisme.

2° Elle exclut, au contraire, le communisme, puisqu'elle reconnaît comme base fondamentale de la société la co-existence d'une *propriété privée* et d'une *propriété commune.*

3° L'intervention de l'Etat entre le travail et le capital qui l'opprime est non-seulement juste, mais praticable.

Maintenant, qu'on repousse ou qu'on adopte ces indications générales, qu'on les limite ou qu'on les développe, peu importe. Si nous avons prouvé que le développement de la propriété commune, destiné à *protéger la personne et les biens* de tous les membres de l'Etat social, travailleurs et propriétaires, n'aboutit point au communisme, notre but est atteint.

Nous sommes donc convaincus, en terminant ce livre, que tous les hommes de bonne foi reconnaîtront avec nous :

La légitimité du droit à l'existence par le travail ;

» sures, aura trouvé le moyen d'assurer à tous les bras valides du
» VAIL, à tous les invalides du pain.
  » Vœux ardents pour que l'Etat devienne *seul et unique assureur de*
» *la propriété contre toute espèce de risques.* »

La nécessité de donner une application à ce droit, dans l'intérêt de tous ;

La possibilité de le faire sans aboutir au communisme.

FIN.

Imprimerie de M<sup>me</sup> V<sup>e</sup> DONDEY-DUPRÉ, rue Saint-Louis, 46, au Marais.

# TABLE DES MATIÈRES.

www.ingramcontent.com/pod-product-compliance
Lightning Source LLC
Chambersburg PA
CBHW052207270326
41931CB00011B/2259